Frau Dennelers Garten

Frau Dennelers

GARTEN

Eine Gärtnerin verrät
ihre grünen Geheimnisse

Jan Thorbecke Verlag

VERLAGSGRUPPE PATMOS

PATMOS
ESCHBACH
GRÜNEWALD
THORBECKE
SCHWABEN

Die Verlagsgruppe
mit Sinn für das Leben

Für die Schwabenverlag AG ist Nachhaltigkeit
ein wichtiger Maßstab ihres Handelns.
Wir achten daher auf den Einsatz umwelt-
schonender Ressourcen und Materialien.

Gestaltung: Finken & Bumiller, Stuttgart,
mit Chandima Soysa, Stuttgart
Umschlagfoto: Finken & Bumiller, Stuttgart
Druck: Himmer AG, Augsburg
Hergestellt in Deutschland
ISBN 978-3-7995-0626-7

Inhalt

Der Paradiesgarten

Im Vordergrund die pflegeleichte und üppig blühende
Spinnenblume.

Einführung

Wie dieses Buch entstand

Frau Dennelers Garten ist in Esslingen ein Begriff: Zum Tag der offenen Gärten kommen hunderte Besucher, um sich den leuchtend bunten Garten anzusehen und von der Gärtnerin ein paar Tipps zur Gartenpflege zu bekommen – Irmgard Denneler kann mit ihren 78 Jahren auf ein langes Leben an Gartenerfahrung zurückgreifen. Der Garten ist darum so einzigartig, weil er auf der einen Seite ein echter Selbstversorger-Garten ist, wie es ihn früher gab. Auf der anderen Seite ist er aber ein sehr moderner Garten: Er versorgt ein Ehepaar, das sich bewusst gesund und vegetarisch ernährt, und das nach neuesten Erkenntnissen der Naturheilkunde. Darüber hinaus beherbergt der Garten viele Pflanzen, die entweder in Vergessenheit geraten oder bei uns noch unbekannt sind, und dazu wird er noch vollständig ökologisch bewirtschaftet.

Uns, die Frauen aus der mittleren Generation in der Nachbarschaft des Gartens, hat dieses Wissen fasziniert: Wir haben alle einen Garten, den wir ohne Pestizide versorgen wollen, wir möchten alle in unserem Garten das Schöne mit dem Nützlichen auf so menschliche Weise verbinden, wie die Dennelers, gesundes Essen für unsere Kinder anbauen und uns an pflegeleichten Blumen erfreuen. Unsere Mütter hatten entweder gar keinen Garten oder einen Ziergarten im Stil der 70er Jahre, mit Edelrosen und Blaukorn-Dünger. Das Wissen darum, wie man selbst Samen gewinnt oder welche Pflanzenkombinationen sich im Beet gegenseitig unterstützen, ist uns nicht selbstverständlich mitgegeben worden.

Darum hat uns dieser Garten angezogen: Über zwei Jahre hinweg haben wir ihn mit dem Fotoapparat begleitet, dann haben wir mit Frau Dennelers Hilfe dieses Fotoalbum mit ihren Gedanken, Erfahrungen und

Ratschlägen gefüllt. Irmgard hat uns mit unendlicher Geduld an ihrem Tisch willkommen geheißen, mit Kräutertee und Dinkelbroten bewirtet, auch immer wieder raus in den Garten geführt und Pflanzen gezeigt. Wenn wir kamen, lagen jedes Mal neue Stapel von Papier bereit, auf denen sie Anweisungen für Kompost, Pflanzenporträts und Gartenkniffe notiert hatte. Diese Notizen, die wir dann abtippten, waren beim nächsten Besuch wieder mit neuen Randbemerkungen und Fragen gefüllt, die wiederum geduldig beantwortet wurden.

Zugleich haben wir bei diesen Treffen erleben dürfen, dass dieser besondere Garten nicht nur ein Hobby ist: Er ist der Mittelpunkt ihres Lebens und eines weiten Netzwerks nicht nur an Pflanzen, sondern an Menschen: Freunde schauen vorbei und bringen Samen mit oder holen ein paar Ableger, die Kinder aus der Nachbarschaft wollen im Garten helfen und bekommen immer ein freundliches Wort und ein Butterbrot, die Streuobstwiesen-Gruppe der Stadt bringt einen halben Zentner Birnen vorbei und holt sich einen Rat und Pflanzen für ihr Gartenprojekt … Wir haben diesen Garten als Garten der Menschlichkeit erleben dürfen, und das hat uns ebenso wie die Schönheit des Gartens beflügelt, es selbst auch einmal auf diese Weise zu versuchen.

Über das Buch

Während wir mit Frau Denneler über ihren Garten sprachen, wurde uns recht schnell klar, dass es eine Gebrauchsanweisung für einen solchen Garten nicht geben kann: Jeder Garten hat seine eigene Lage und seinen eigenen Boden, jeder Gärtner und jede Gärtnerin ihre eigenen Bedürfnisse, die der Garten erfüllen soll. Eine Gebrauchsanweisung könnte auch Frau Dennelers Garten nicht als Ganzes erfassen, denn die Grundlage ihres Gartens ist nicht eine Sammlung von Kniffen, Tricks oder Arbeitsschritten, sondern, wie sie selbst sagt, ihre Garten-Philosophie: Die Liebe zu den Pflanzen und zur ganzen Natur.

Daher stellt dieses Buch den Garten zu den verschiedenen Jahreszeiten in Fotos vor und beschreibt, welche Arbeiten zu jeder Jahreszeit zu tun sind, unterteilt nach Gemüse, Kräutern und Blumen. Der Schwerpunkt liegt dabei auf den Dingen, die in diesem Garten ein wenig anders sind als in anderen Gärten, die Dinge, die uns vielleicht anregen können, im eigenen Garten auch etwas anders zu machen.

Außerdem haben wir Frau Denneler zu jeder Jahreszeit nach besonders interessanten Pflanzen gefragt, die gerade zu dieser Zeit im Garten zur Geltung kommen. Dabei beschränken wir uns ausdrücklich auf die Pflanzen, die wirklich im Garten wachsen und die dort besonders gut hineinpassen oder gedeihen, oft sind es weniger bekannte oder zu Unrecht missachtete Arten. Natürlich ist diese Reihenfolge nach Jahreszeiten ein wenig willkürlich, denn die meisten Pflanzen leben ja das ganze Jahr im Garten. Daher gibt es am Ende des Buches noch ein Register, in dem diese interessanten Pflanzen nach dem Alphabet geordnet zu finden sind.

Einige Themen wie Kompost, Aktivator oder Bodenverbesserung durchziehen wie ein roter Faden alle Jahreszeiten, werden aber in der Einleitung noch einmal übersichtlich zusammengefasst. Ein weiterer roter Faden des Buches ist Frau Dennelers Garten-Philosophie, die immer wieder in kleinen Anmerkungen am Rand auftauchen wird: Achtung vor der Natur, Neugierde auf das, was wächst, Dankbarkeit für die Früchte des Gartens, Lust am Ausprobieren, Liebe zu allen Lebewesen …

Wir hoffen, dass dieser kleine Einblick in ein Gärtnerinnenleben für Sie, liebe Leserinnen und Leser, genauso inspirierend wirkt wie für uns, die Nachbarinnen.

Edith Berner und Uta Korzeniewski

Vorwort der Autorin

Jeder Garten ist einmalig und kann nicht kopiert werden, so wie jeder Mensch eben auch einmalig ist. Jeder Garten ist verschieden, ist voller Schönheit und Symbolik und strahlt eine Energie aus, die uns Menschen zu innerem Glück verhilft. In einem Garten kann sich unser Geist auf zahlreiche Arten regenerieren. Man kann sich dort sowohl finden als auch vollkommen vergessen. Ein Garten kann ein Ort innerer Einkehr sein, oder auch ein Platz, der hauptsächlich den Kräutern, dem Gemüse und den Blumen gewidmet ist. Ein Garten ist ein Abbild unserer Vorstellung und der Zufälligkeiten: Der Kopf denkt, doch die Natur lenkt.

Für mich war es gar nicht so schwer, die Grundsätze des biologischen Gärtnerns zu befolgen. Als Kriegskind mit sechs Geschwistern wuchs ich mit wenig Geld, aber liebevollen, verständigen Eltern und einem großen Garten auf. Die Grundgesetze des Waldes, der Verrottung, ja des Werdens, Wachsens und Reifens waren mir vertraut, denn ich durfte dort mitarbeiten und vieles lernen.

Dann kam eine neue Zeit: Die eigene Familie, ein Mann, der seine ganze Kraft und Zeit in den Aufbau eines eigenen Unternehmens steckte, drei Kinder; der Wunsch, uns vegetarisch, gesund und chemiefrei zu ernähren und die Lust, uns in frischer Luft zu bewegen.

Durch den Naturheilverein in Esslingen bekam ich die Gelegenheit, biologisch fundierte Demeter-Gärten zu besuchen. Das „Paradies" in Remagen, geleitet von Heinz Erwen, war mir ein großes Vorbild. Doch schnell begriff ich: Nicht kopieren, sondern die Erkenntnis, ohne chemische Mittel auskommen zu wollen, in unserem Milieu anzuwenden, darauf kommt es an. Jeder Garten ist verschieden …

Und ich begann, meine eigenen Vorstellungen vom biologischen Gärtnern auf genau diesem Stückchen Land zu entwickeln, das mir anvertraut war: Mein Bestreben wurde es, verantwortungsbewusst und naturgemäß zu gärtnern, Nützlinge zu fördern und Mitesser in Grenzen zu halten, standortgerechte Pflanzen zu kultivieren, dabei zu beobachten, was von alleine wächst, ohne chemischen Dünger den Garten fruchtbar zu machen, das natürliche Gleichgewicht mit der Vielfalt der Pflanzen zu erhalten, so dass Insekten, Bienen, Hummeln und auch Schmetterlinge sich darin wohlfühlen.

Für den Menschen sollte der Garten das Auge erfreuen, einen Platz bieten, um die Seele baumeln zu lassen, den Gaumen erfreuen, eine Quelle für kleine Natur-Geschenke sein, Muskeln und Gelenke fordern, ohne dass die Freude daran in Mühsal ausartet. Genüssliche Ruhepausen bieten!

Für mich selbst lerne ich immer wieder im Garten Geduld zu haben, Ehrfurcht vor dem Leben, die Naturgesetze und die Mondstellungen zu beachten. Wenn dazu noch frische Kost in die Küche kommt, ist das für die Familie und Freunde ein Genuss. Aber vor den Erfolg hat Gott den Schweiß gesetzt, sagte der Gartenpionier Heinz Erwen. Er lehrte mich, mit der Natur zu leben, auf die Naturgesetze zu achten, auf Bodenpflege, Kompost, Bodenbedeckung und Mischkultur – und, ganz wichtig: Ehrfurcht vor dem Leben zu haben!

Durch den „Tag der offenen Gärten" durfte ich erleben, dass viele junge, verantwortungsbewusste Menschen diese biologische Arbeit lernen und praktizieren wollen. Sie baten mich, meine Erfahrungen weiterzugeben. Mein Motto wurde mit der Zeit: Nicht nur ich und meine Familie sollen sich gesund ernähren – die Anderen sollen es auch können, wenn sie nur wollen.

Eine wunderbare Erfahrung durften mein Mann und ich machen. All die Menschen, die zu uns kommen, um Rat, Pflanzen oder einfach ein Kräutersalz zu holen, sind gut gestimmte Menschen und auch dafür sind wir dankbar. Gute Gespräche und Gedanken passen zu diesem friedlichen Stückchen Land, in unser kleines Paradies.

Bei Gartengesprächen geht es nie um die üblichen Themen „Geld, Krankheit, Sorgen". Jeder atmet auf, schärft den Blick für „Unsichtbares", erfreut das Herz und das Gemüt. Die Zeit steht still bei der Beobachtung der Schmetterlinge, wenn sie mit ihren Rüsseln Nektar tanken.

Die Seele wird frei, und die Arbeit wird zur Bewegung, die dem Körper gut tut. Im Garten blühen die Menschen förmlich auf. Sie lernen staunend sich auf innere Werte zu besinnen und sich zu freuen. Sie fühlen sich wohl und lernen Achtung und Respekt vor der Schöpfung und Dankbarkeit, Handlanger in dieser Schöpfung zu sein.

Ich ermuntere alle, die es mit einem Selbstversorger-Garten versuchen wollen: Ein gewisses Grundwissen und die Erfahrung „alter Hasen" sind die Grundvoraussetzung. Denn wenn uns ein Stück Land anvertraut wird, übernehmen wir auch ein ganzes Stück Verantwortung. Dann heißt es ausprobieren. Mein Rat dabei: Aus den Fehlern der ersten Jahre lernen! Die Bedürfnisse der Familie beachten. Auf Wünsche der Familie eingehen. Das anbauen, was auch wirklich verbraucht wird. Ich wünsche viel Spaß am Experimentieren!

Möge unsere Welt durch Gärten und Menschen ein wenig heller, freundlicher und friedlicher werden.

Danke

Ein großer Dankesstrauß geht an den Verlag und an sein talentiertes Team, das dieses Buch entstehen ließ, vor allem an Uta Korzeniewski, die mit ihrer heiteren, ermutigenden und liebevollen Art versuchte, dieses große Gebiet fachmännisch in den Rahmen eines Buches einzupassen, aber auch an Edith Berner, die mit Geduld und Ausdauer den Garten in allen Jahreszeiten im Bild festhielt.

Herr Gerhard Kümmel war fasziniert von den Schmetterlingen im Garten und stellte seine Fotos bereitwillig zur Verfügung.

Dank auch an all die Dichter und Denker, die mich inspirierten, sowie an die Gartenpioniere, von denen ich viel lernen durfte.

Ein großes, herzliches Dankeschön gilt meinem lieben Mann Siegfried, der mir den Rücken frei hielt und selbst die Hausarbeiten und den Einkauf erledigte. Der mir aber auch für das Buch Mut zusprach und in all den Jahren die technischen Arbeiten im Garten übernahm. Wie viele Scheren hat er geschliffen und wie viele Körbe voll Häckselmaterial bereitgestellt? Ohne ihn hätte ich es nicht geschafft. Danke!

Irmgard Denneler

Frau Denneler

Willkommen

Am Eingang zum Paradies-
garten wachsen Königskerze,
Ageratum und Tagetes.

Einen Garten finden und einrichten

Lage des Gartens

Vor 25 Jahren begann die Geschichte des Paradiesgartens, aber nicht meine Geschichte als Gärtnerin. Ein großer Obst- und Gemüsegarten hatte jahrelang meine eigene Familie mit drei Kindern versorgt. Für mich begann damals ein neuer Lebensabschnitt: Jahrelang hatten mein Mann und ich zusammen ein Unternehmen aufgebaut, dabei drei Kinder großgezogen. Nun waren die Kinder aus dem Gröbsten heraus, ich wollte ein weniger hektisches Leben führen. Der 1000 Quadratmeter große Garten im benachbarten Ortsteil war nun zu groß, ich suchte einen kleineren Garten. Zur Wahl stand unter anderem ein kleines Grundstück, das fast an unser Haus angrenzte. Es hatte etwa 400 Quadratmeter und lag am Rand einer Streuobstwiese; die Gemarkung trug den schönen Namen „Paradies". Mein Mann und ich hatten zunächst Bedenken: Es handelte sich sichtlich um ein „saures Wiesle", auf dem der Sauerampfer gedieh und auf dem nach der Schneeschmelze das Wasser stehen blieb. Außerdem lag es im Landschaftsschutzgebiet, das hieß, eine Umgrenzung oder ein Zaun war nicht erlaubt. Ein benachbarter Bauer gab schließlich den entscheidenden Rat: *Nähe geht vor Güte!*

Etagenverbene

Den Boden verbessern

Der Rat des Nachbarn hat sich bald bewährt: Selbst kurze Momente im Tagesablauf ließen sich nutzen, um schnell einmal in den Garten zu gehen, Gemüse und Beeren ließen sich ganz einfach und schnell frisch für die Küche holen, die Kinder ernteten zwischendurch „direkt in den Mund".

Maulwurfsgrille
mit Nest

Trotzdem war es ein gehöriges Stück Arbeit, das „saure Wiesle" in einen Garten zu verwandeln: Zunächst musste die Nässe abgeleitet und der Boden verbessert werden. Wir ließen einen Bagger kommen, der rings um das Grundstück Gräben zog, in denen Drainagerohre verlegt wurden. Die Gräben nutzen wir auch gleich, um ein weiteres Rohr zur Bewässerung bis zum höchsten Punkt des Gartens zu verlegen. Nun war der Garten trocken, doch der Boden immer noch schwer, verdichtet und lehmig. Er enthielt kaum Regenwürmer, sondern zog vor allem die Wühlmäuse, Maulwürfe und Maulwurfsgrillen an – die zwar den Gartenpflanzen schaden, aber auf ihre Weise immerhin auch den Boden auflockern. Bagger – Wühlmaus – Maulwurfsgrillen – Regenwürmer: Diese Reihenfolge bezeichnet den Weg vom festen Lehm zum lockeren Gartenboden.

Das Ziel war, durch harte Arbeit am Anfang den Boden soweit leichter und lockerer zu machen, dass ich ihn auch später, im Alter, ohne zu große Anstrengung gut bearbeiten konnte. Das haben wir erreicht: Inzwischen ist der Boden locker und gut durchlüftet, ich grabe nicht mehr um, denn ich will die verschiedenen Kleinlebewesen im Boden nicht vertreiben. Nur mit der Grabgabel steche ich noch in den Boden und rüttele dann, um Luft in den Boden zu lassen. Früher hieß es zwar „zweimal gehackt ist dreimal gegossen", doch auch die Hacke benutze ich nicht mehr oft, meist nur noch zum Reihen ziehen, Anhäufeln oder zum Zuschieben der Pflanzlöcher.

Um zu sehen, ob sich das Bodenleben im Gleichgewicht befindet, eignet sich ein ph-Wert-Test. Einen solchen Test kann man im Gartenmarkt bekommen. Am günstigsten ist ein neutraler ph-Wert, auch wenn es Pflanzen gibt, die es lieber ein wenig saurer und andere, die es gerne ein wenig basischer haben. Mit Algenkalk und Urgesteinsmehl kann man den Boden weniger sauer machen.

Der lockere Boden ist, wie gesagt, das Ergebnis von harter Arbeit: Harte Lehmknollen wurden vom Grund geräumt, stattdessen wurde Mutterboden dazugegeben. Der lehmige Untergrund wurde mit großen Mengen Sand vermischt, außerdem mit Algenkalk, Kompost, Pferdemist und Lavagrus. Dabei sorgen Sand und Lavagrus für leichteren, trockeneren Boden, Kompost und Pferdemist für Nährstoffe. Der Lavagrus hat außerdem den Vorteil, dass er Flüssigkeit speichert und in trockenen Zeiten wieder abgibt, ähnlich wie die Tonkügelchen einer Hydrokultur.

Wie eine Insel erhebt sich
den Garten aus der Wiese.

Die BLUMEN machen den Garten, nicht der Zaun.

Bodenplatten

Welke Blüten von Lupinen rechtzeitig abschneiden. Dadurch blühen sie ein zweites Mal.

Lupinen

Bei dieser Arbeit half uns die Motorfräse, eine Mantis, die den schweren Lehmboden für uns durchpflügte. Heute kommt sie kaum noch zum Einsatz, weil der Boden jetzt locker genug ist.

Zur Arbeit am Boden gehört auch die Arbeit an den Wegen: Der Garten sollte auf jeden Fall leicht zugänglich sein, nicht nur für mich, sondern auch für die Kinder, die sich nur schnell ein paar Himbeeren oder Radieschen holen wollten. Lose Reihen aus einfachen Betonplatten bildeten die Wege. Wenn ich sie hochklappte, konnte ich darunter die Gänge der Maulwurfsgrille besonders gut erkennen und verfolgen: Wenn der Gang senkrecht nach unten geht, führt er zum Nest, das man ausheben muss. Trittsteine und –platten weisen zugleich auf ein anderes Prinzip im Paradiesgarten: Möglichst nicht auf die Erde treten! Die mühsam gelockerte Erde soll nicht durch das Gewicht eines Erwachsenen verfestigt werden.

Zur Bodenverbesserung im ersten Jahr trugen neben Humus und Kompost auch die Wildlupinen bei: Sie geben an ihren Wurzelknöllchen Stickstoff als Nährstoff an den Boden ab. Das ist eine Form der Gründüngung. Wenn die Pflanzen nachher noch untergepflügt werden, tragen sie zur Humusbildung im Boden bei.

Die Wildhecke

Ein Zaun oder eine festere Bebauung war auf dem Grundstück in den Streuobstwiesen nicht zugelassen, doch war am nördlichen Ende des Grundstücks eine Naturhecke, um das Land vor kaltem Nordwind zu schützen und dem Kompost Schatten zu geben, damit er nicht austrocknet. Hier findet man Haselsträucher, Weißdorn und Holunder. Die Haselnüsse schmecken den Menschen, aber auch Mäuse, Vögel und Eichhörnchen mögen sie. Die Holunderbeeren bereichern die Wildfruchtmarmelade im Herbst und kommen ebenfalls den Tieren zugute. Der WEISSDORN (*Crataegus*) begrenzt als hoher „Hagedorn" den Garten. Bei den Vögeln ist er als Nistplatz beliebt. Er blüht schon im Mai und Juni herrlich weiß und zieht die Bienen an. Im September trägt er rote Beeren. Crataegus gibt es als Herzmittel in der Apotheke zu kaufen. Als Tee nehme ich Blüten und Blätter zusammen mit denen der Melisse. Die Hecke liefert auch das Laub zum Mulchen und für den Kompost. Die Haselblätter haben den Vorteil, dass sie schnell verrotten und keine

Wildfrucht-Gelee

Holunderbeeren, Kornelkirschen, Ebereschenbeeren, Aroniabeeren, Himbeeren

1. Das Mengenverhältnis der einzelnen Beeren hängt davon ab, was ich ernten kann, nach Geschmack runde ich mit tiefgekühlten Himbeeren aus der Sommerernte ab. 2. Die Beeren in einen Topf geben und nach Geschmack mit Apfelsaft auffüllen. Aufkochen und dann alles zusammen durch ein großes, feines Sieb geben. Dann 1 Liter Saft mit Gelierzucker 2:1 aufkochen und in Schraubgläser füllen. Die Gläser verschließen und kurz auf den Kopf stellen. 3. Der Rückstand im Sieb ergibt die Wildfrucht-Marmelade: Die entsprechende Menge mit 2:1 Gelierzucker aufkochen und in Schraubgläser füllen.

Gerbsäure enthalten wie etwa das Laub von Eiche oder Walnuss, das sich nicht gut für den Kompost eignet.

Der HOLUNDER (*Sambucus nigra*) in der Wildhecke beschattet die Kompostanlagen. Den alten Busch schneiden wir im Herbst immer wieder zurück (Danke, Joachim!). Wie bei der Aronia-Beere nehmen wir die dicksten Äste heraus. Der Strauch verträgt es und schenkt uns eine Ernte an Blüten und Früchten. Im Frühjahr erfreut er uns mit seinen weißen Blütendolden. Auch ein schlitzblättriger, dunkellaubiger Holunder mit rosa-lila Blüten ist eine Augenweide. Holunderblüten brühe ich bei grippalen Infekten frisch oder getrocknet als Tee auf. Die Früchte sind roh nicht genießbar, weil sie Blausäure-Glykosid enthalten, aber gekocht als Zugabe zur Wildfruchtmarmelade ein Geschenk der Natur!

Ein Garten zum Leben

Mit unserem Garten wollten wir von Anfang an die Familie mit frischem Gemüse und Früchten zu versorgen. Wir sind beide Vegetarier, und seitdem wir im Naturheilverein sind, haben wir uns immer mehr mit den gesunden Inhaltsstoffen der frischen Pflanzen vertraut gemacht. Obwohl Besucher in unserem Garten immer zuerst die Blumen bewundern, wachsen hier Kartoffeln, Bohnen, Sellerie, Rote Bete, Spinat, Mangold, Brokkoli, Kohlrabi, Zwiebeln (Ewigkeitszwiebel, Etagenzwiebel), Lauch, verschiedene Salatsorten, Radieschen, Himbeeren, Erdbeeren, Aroniabeeren, Heidelbeeren, Goji-Beeren, Japanische Weinbeeren, daneben auch noch verschiedene Kräuter wie Thymian, Fenchel, Ysop, Salbei, Rosmarin, Petersilie Die Auswahl wird dabei durch die Bedürfnisse der Familie bestimmt, aber auch durch die Gegebenheiten: Pflanzen, die zu viel Aufwand erfordern oder mit den Gegebenheiten des Gartens nicht zurechtkommen, werden aussortiert. So neigen etwa Möhren und Pastinaken als Tiefwurzler im Lehmboden dazu, „beinig" zu werden, also sich zu verzweigen. Da ich eine Demeter-Quelle für dieses Gemüse habe, mache ich mir nicht die Mühe, den Boden speziell für Möhren und Pastinaken besonders aufzulockern. Ich will allerdings demnächst noch einmal einen Versuch im Hochbeet machen. Spitzkohl und Rotkohl sind ebenfalls zu groß und zu aufwändig zu verarbeiten für unsere kleinen Mahlzeiten zuhause. Wegen der Braunfäule ziehe ich die Tomaten wie auch die Gurken inzwischen geschützt vor dem Regen auf unserem überdachten Balkon und nicht mehr im Garten – außer der Wildtomate, einer Sorte mit winzig kleinen, zuckersüßen Früchten, die gegen Braunfäule resistent ist.

Planung muss sein

Es gibt keinen Grundriss des Gartens, auf dem eingetragen wird, was wo wächst. Stattdessen führe ich eine Liste der Gemüse und Früchte, in der ich über vier Jahre lang verfolge, welche Pflanze in welchem Beet gestanden hat. So kann ich eine Fruchtfolge einhalten, die dem Boden gut tut. Es geht dabei darum, dass verschiedene Pflanzen auch verschiedene Nährstoffe aus dem Boden holen, bzw. dass jede Pflanze auch andere Schädlinge wie z.B. Fadenwürmer (Nematoden) anzieht oder fernhält, die sich dann an dieser Stelle im Boden vermehren.

Es lohnt sich, genau zu planen, was man wirklich braucht. Man macht dabei mit der Zeit seine eigenen Erfahrungen. Anfangs war ich froh über die Erfahrungen „alter Hasen".

Beim Blättern durch die Gartenkataloge suche ich Pflanzen, die sich in kleinen Portionen ernten lassen, wie etwa der Multi-Head-Blumenkohl (s. S. 26), und wenig Arbeit machen, aber auch solche, die einfach schön aussehen: So habe ich Mangold in verschiedenen Farben, der im Gemüsebeet leuchtet, und die Rote Melde (s. S. 73), ein echter Hingucker im Garten.

Fruchtfolge

Die Fruchtfolge beim Gemüse sorgt dafür, dass der Boden an einer Stelle nicht immer dieselben Nährstoffe hergeben muss und dass eine Pflanze nicht über Jahre dieselben Bodenlebewesen wie Nematoden oder Pilze anzieht. Wichtig ist das besonders bei Starkzehrern wie der Kartoffel oder bei Pflanzen wie Möhre oder Petersilie, die unter Möhrenfliegen bzw. Nematoden leiden.

Die Prinzipien der Fruchtfolge im Paradiesgarten sind:

* Starkzehrer wechseln sich ab mit Schwachzehrern: So folgen z.B. auf ein Gemüse mit viel Kraut, das dem Boden Nährstoffe entzieht, Bohnen, weil sie den Boden wieder bereichern.

* „Kraut und Rüben" wechseln sich ab: Das heißt Früchte über und unter der Erde folgen aufeinander (z.B. Zwiebeln und Erdbeeren), sowohl von einem Jahr aufs andere als auch bei der Einteilung der Beete nebeneinander.

* Gemüse aus derselben Familie (Kreuzblütler, Doldenblütler, Kürbisgewächse, Nachtschattengewächse usw.) haben ähnliche Bedürfnisse an Nährstoffen. Sie folgen daher nicht direkt auf demselben Beet hintereinander: Keine Tomaten nach Kartoffeln, keine Möhren nach Pastinaken, keine Gurken nach Zucchini .

* Hoch- und niedrigwachsende Pflanzen stehen nebeneinander, damit Licht und Schatten gut verteilt sind; das gilt für Blumen und Gemüse.

* Gründüngung gibt es durchgehend während des ganzen Jahres; Tagetes, Ringelblumen und Kapuzinerkresse werden überall zwischen die Gemüse gesetzt bzw. gesät, um Fadenwürmer fernzuhalten. Sie sind Heilpflanzen für die Erde.

* Feldsalat, Vogelmiere und Spinat sorgen mit ihren feinen Wurzeln für einen lockeren Boden, auch sie bilden einen Teil der Gründüngung.

Starkzehrer (hoher Nährstoffbedarf)

Sellerie, Lauch, Blumenkohl, Chinakohl, Rosenkohl, Rotkohl, Weiß-
kohl, Wirsing, Kartoffeln, Tomaten, alle Kürbisgewächse, zum Beispiel
Hokkaido und Zucchini, Gurken; Zuckerhutsalat.
Düngung: guter Kompost und Hornspäne, außerdem Brennnesseljauche.

Mittlerer Nährstoffbedarf

Fenchel, Knoblauch, Kohlrabi, Melonen, Möhren, Paprika, Rote Bete,
Salate, Spinat, Schwarzwurzel, Zwiebel
Düngung: Kompost und leichte Brennnesselbrühe

Schwachzehrer (geringer Nährstoffbedarf)

Bohnen, Erbsen, Erdbeeren, Feldsalat, Mangold, Spinat, Radieschen.
Erbsen und Bohnen folgen auf die Pflanzen im Beet, die dem Boden viele Nährstoffe entziehen. Sie selbst führen dem Boden wieder Nährstoffe
zu, denn mit den Knöllchenbakterien an ihren Wurzeln bringen sie
Stickstoff aus der Luft in den Boden.

Mischkultur

Mischkultur bedeutet, dass es für jede Pflanze günstige und ungünstige
Nachbarpflanzen gibt. Gute Nachbarn halten sich gegenseitig Fress-
feinde vom Leib oder fördern einander sogar im Wachstum. Calendula
rund um die Erdbeeren etwa hält die Schnecken von den Früchten fern.
Daneben gibt es auch eine gute Nachbarschaft, die vor allem für den
Gartenmenschen praktisch ist, weil die Pflanzen verschiedene Wachs-
tumszeiten haben: Zwischen der Roten Bete steht Bohnenkraut, weil die
Pflanzen sich gut vertragen und weil das Bohnenkraut schon im Sommer, die Rote Bete erst deutlich später im Herbst geerntet wird.
Erbsen und Bohnen sollte man nie auf das gleiche Beet pflanzen. Ich
setze immer Tagetes und Ringelblumen dazu. Zu Sellerie pflanze ich
Lauch, zu Erdbeeren Zwiebeln oder Knoblauch, sowie Salate in kleiner
Anzahl immer dazwischen. Auch Dahlien brauchen jedes Jahr einen
anderen Standort. So ergibt sich von allein ein ständiger Wechsel. In
einem Gartenplan halte ich über 3 bis 4 Jahre das Wichtigste fest. Petersilie pflanze ich jedes Jahr zwischen Blumen, dadurch ist sie jedes Jahr
an einer anderen Stelle.

Ringelblumen wachsen
zwischen Kartoffeln und
Roter Melde

Gute Nachbarn

ZUCCHINI vertragen sich mit Erbsen, Bohnen und Zwiebeln, dagegen nicht mit Kartoffeln.

Kohlpflanzen sind KREUZBLÜTLER, wie auch Radieschen und Rucola. Die Kreuzblütler vertragen sich nicht miteinander und sollten nicht nebeneinander stehen. Als Nachbarn mögen sie stattdessen Bohnen, Erbsen, Salat, Mangold, Spinat, Rote Bete oder Sellerie.

GUTE SALAT-PARTNER sind Buschbohnen, Kohlarten, Lauch, Radieschen und Zwiebeln, Bohnenkraut und Kresse. Schlechte Nachbarn für den Salat sind Sellerie und Petersilie. Kopfsalat mag besonders gerne Lauch.

TOMATEN vertragen sich gut mit Basilikum, Petersilie und Ringelblumen.

SELLERIE mag Blumenkohl, Salat und Lauch.

Reihen von ERDBEEREN stehen abwechselnd mit Reihen von Zwiebeln und Knoblauch. Dazwischen kommen Tagetes und Ringelblumen.

ZWIEBELN stehen gut neben Möhren, Erdbeeren, Endivien und Kopfsalat.

Gute Nachbarn für ROTE BETE sind Kohlrabi, Salat und Buschbohnen. Ganz „planlos" wächst dagegen der Salat: Verschiedene Pflücksalatsorten werden direkt ins Freiland gesät. Ich lasse immer ein paar Salatpflanzen zur Samengewinnung übrig, die ins Kraut schießen und blühen dürfen. So sät sich der Salat auch selbst aus und findet sich an den ungewöhnlichsten Stellen im Garten: Sogar im Steingarten auf dem Dach des Holzstapels ist er schon aufgetaucht. Auch Feldsalat wird direkt ins Freiland ausgesät. Das Pikieren kann man sich ersparen, indem man die Samen mit Sand vermischt und dann ausstreut. So wachsen die Pflänzchen nachher nicht zu dicht. Wie der Pflücksalat sät sich auch der Feldsalat selbst aus, wenn man ihn zur Blüte kommen lässt. Wer die Samen absammelt, sollte sie bis zum nächsten Einsatz in der Gefriertruhe aufbewahren. Auch Rucola bzw. Rauke blüht und versamt sich übrigens im Garten.

Auch beim Wild- und Kopfsalat pikiere ich die Pflänzchen nicht: Sie werden in Reihen ausgesät, und was zu dicht steht, landet gleich in der Salatschüssel oder bleibt als Mulch liegen. Die übrigen Pflänzchen bleiben so an Ort und Stelle und werden nicht gestört. Dadurch schießen sie nicht so leicht ins Kraut.

Sonnenblume und Kürbis

Wildsalat im Steingarten

Um vom Frühjahr bis in den Winter hinein aus dem Garten leben zu können, braucht es natürlich die entsprechenden Sorten. Hier kann man sich einfach auf die Angaben auf den Samentüten verlassen und etwa vom Spinat eine frühe und eine späte Sorte aussäen. Wildsalat, Feldsalat und Rucola kann man das ganze Jahr über immer wieder aussäen, wo gerade Platz im Garten ist.

Nur wenige Gemüsesorten können über viele Jahre hinweg an derselben Stelle bleiben: Die TOPINAMBUR-Pflanze bildet am selben Standort immer wieder neue Knollen, die geerntet werden können, und heißt deshalb „Ewigkeitskartoffel", entsprechend heißt die LUFT- ODER ETAGEN-ZWIEBEL auch „Ewigkeitszwiebel", denn bei ihr wird nur von den Stängeln geerntet, und die Zwiebel bleibt immer an derselben Stelle im Boden. Die Staudensilie, eigentlich SCHOTTISCHER LIEBSTÖCKEL genannt, bringt jahrelang Blätter mit Petersiliengeschmack hervor. HIMBEEREN bleiben an ihrem Standort, Erdbeeren wechseln alle 2–3 Jahre, Petersilie darf erst nach 4 Jahren wieder an derselben Stelle angebaut werden.

Trotz der Fruchtfolge beim Gemüse entsteht der Garten nicht jedes Jahr ganz neu: Die Rabatten bleiben an ihrem Platz, und unter den Blumen sind zahlreiche Stauden, die mehrere Jahre an ihren Plätzen bleiben: Rosen, Phlox, Echinaceen …

Besondere Gemüsesorten im Paradiesgarten

Blumenkohl Multi-Head Beim Blumenkohl sind uns die üblichen Köpfe oft zu groß für zwei Personen. Nun habe ich eine Hybrid-Sorte entdeckt, die an einer Pflanze mehrere kleine Köpfe bildet („Multi Head"). Achtung: Dieser Blumenkohl ist eine Hybridsorte, das heißt, man kann von ihm keine Samen gewinnen.
Entsprechend habe ich auch einen Brokkoli, der nach dem großen Kopf noch einmal viele kleine Köpfchen nachtreibt: Die Sorten heißen ‚Verde calabrese' und ‚Brokkoli Belstar'.

Kletterzucchini Um die begrenzte Fläche des Gartens gut zu nutzen, habe ich mich für Kletter-Zucchini entschieden, und zwar die Sorte ‚Black Forest'. Sie brauchen viel weniger Platz als die klassischen Zucchini, machen wohl auch ein wenig mehr Arbeit, da man sie behutsam an Rankspiralen oder einem Holzgerüst entlangführen muss. Der Vorteil ist neben dem freien Boden, dass die frei hängenden Zucchini nicht so leicht faulen. Ich habe es auch schon mit einer Kleinform der Zucchini versucht, damit aber keinen Erfolg gehabt.

Posteleinsalat

Posteleinsalat *(Claytonia perfoliata)* ist sehr widerstandsfähig und kann von November bis April geerntet werden. Er ist ein „Lückenbüßer" und Bodendecker im Gemüseland. Der Posteleinsalat keimt nur bei kühlem Wetter und wächst besonders im Winter. Die jungen Blätter schmecken mild und frisch. Sie enthalten viel Vitamin C, das im Winter gegen Erkältungen schützt, außerdem die Mineralstoffe Magnesium, Kalzium und Eisen. Als frisches Grün im Winter eine willkommene Beigabe zum Salat als „Medizin in der Salatschüssel". Postelein säe ich nach einem Blick in den Mondkalender: Günstig sind Blatttage. Denn an einem Blütentag gesät, bildet er sehr rasch kleine weiße Blüten, die aber mitgegessen werden.

Kletter-Zucchini

Radieschen

Von den Radieschen wächst bei mir am besten eine längliche, weiß-rote Sorte aus Frankreich, die ‚Bamba'. Auch bei Radieschen schaue ich in den Mondkalender: Ich säe sie möglichst an Wurzeltagen.

Topinambur

Als Abschluss der Gartenbeete steht seit langem eine kurze Reihe von Topinambur *(Helianthus tuberosus)*. Ich habe sie schon erwähnt, weil sie im Gegensatz zu anderen Gemüsen als Staude am selben Platz stehen bleibt und dort immer wieder neue Knollen treibt. Im Herbst oder Frühjahr gepflanzt, will sie den ganzen Winter über ausgegraben und verspeist werden. Die Topinambur ist mit der Sonnenblume verwandt und bildet entsprechend wunderschöne gelbe Blumen, und zwar sehr üppig. Sie neigt sogar zum Wuchern, wenn man nicht regelmäßig erntet oder um die Wurzeln herumgräbt. Mäuse haben die Topinambur übrigens zum Fressen gern. Als Sorten kann ich ‚Gute Gelbe' und ‚Bianca' empfehlen.

Die Knollen sind ein gutes Wintergemüse: Ich schrubbe sie gründlich ab und schnippele sie in den Salat, zum Beispiel mit Möhren, oder brate sie in Scheiben in der Pfanne an. Als Beilage zu Hokkaido oder Pastinake, im Ofen mit Butter oder Olivenöl gebraten – herrlich!

Doch obwohl die Topinambur auch „Ewigkeitskartoffel" heißt, kann sie die Kartoffel in der Küche nicht vollständig ersetzen, sondern ist eher ein Gemüse. Sie schmeckt süßlich-nussartig. Die Knolle enthält viel Inulin, einen unverdaulichen Süßstoff, der günstig für Diabetiker ist, weil er süßlich schmeckt und doch den Zuckerspiegel nicht erhöht. Da er jedoch unverdaulich ist, wirkt er im Körper wie ein Ballaststoff und sorgt damit für Blähungen. Reich an basischen Wirkstoffen, an Eiweiß, Kalium und anderen Vitalstoffen ist die Knolle ideal zum Abnehmen, Entschlacken und Entwässern.

Wildtomate

Wildtomate Die Wildtomate hat Früchte, die kaum größer sind als Kirschen, und schmeckt zuckersüß. Im Garten ist sie pflegeleicht, da sie gegen Braunfäule resistent ist. Sie ist samenfest, das heißt, ich kann sie immer wieder aussäen und verschenke auch gerne Samen weiter.

Wildsalat Meinen Wildsalat habe ich von einer lieben Freundin vor Jahren geschenkt bekommen. Ich lasse regelmäßig einige Pflanzen ins Kraut schießen, so dass ich Samen von ihnen absammeln kann, der Wildsalat ist aber so unkompliziert, dass er sich auch selbst im Garten immer wieder aussät. Wo er nicht stört, lasse ich ihn stehen, selbst auf dem Dach unseres Holzschuppens zwischen den Hauswurzen habe ich ihn schon gefunden.

Zuckerhutsalat

Zuckerhutsalat Der Zuckerhutsalat (*Cichorium intybus* var. *foliosum*) gehört zur Familie der Zichorien, deshalb schmeckt er auch ein wenig bitter. Wen das stört, der kann ihn in warmes Wasser legen. Der Zuckerhutsalat lässt sich fast den ganzen Winter lang ernten, denn er verträgt auch mäßige Minus-Temperaturen. Außerdem hält er sich auch gut, wenn man ihn einschlägt und kühl lagert.

Ungewöhnliche Beeren und Früchte

Aronia Eine neue Frucht im Paradiesgarten ist die Aronia- oder Apfelbeere. Ich habe drei Sträucher gekauft und in eine Reihe gesetzt, im Abstand von 1,20 m bis 1,70 m. Im zweiten Jahr empfiehlt sich ein Schnitt von zu eng stehenden Trieben oder neu gebildeten Bodentrie-

Mischkultur

Sonnenblumen und Lauch wechseln sich mit Wildsalat ab.

ben. Wer eine selbstbefruchtende Sorte wählt, kann auch mit einem Strauch auskommen. Im Gegensatz zur Heidelbeere sind die Sträucher völlig pflegeleicht. Sie bleiben recht klein, stellen keine besonderen Ansprüche an Boden, Bewässerung oder Düngung, und die Beeren hängen in erntefreundlicher Höhe. Nach dem Schnitt im 2. Jahr muss man nur noch alle zwei bis drei Jahre am Ende des Winters auslichten, indem man die alten Haupttriebe ausschneidet. Am mehrjährigen Holz bilden sich im Frühjahr weiße Blüten. Dann folgen die Früchte, und im Herbst haben die Blätter eine sehr schöne Färbung.

Ich trockne die Beeren, die im Geschmack etwas an Sauerkirschen erinnern, und bewahre sie dann im Kühlschrank auf. Die Beeren enthalten viel Vitamin C und Flavonoide. Auch die Vögel mögen die Beeren gerne. Aus Aronia, Eberesche, Kornelkirsche und Himbeere mache ich meine „Wildmarmelade", Holunderbeeren können auch noch mit hinein (s. S. 21).

Birnenmelone

Die Birnenmelone wird auch Pepino (Solanum „Pepino Gold") genannt. Ich mag sie besonders, weil sie die Familie auch im Winter mit frischem, selbst gezogenem Obst versorgt, das einen hohen Vitamin-C-Gehalt hat. Weil sie so einfach zu ziehen ist – sie braucht nur Dünger und Wasser – und einen milden Geschmack hat, haben auch Kinder viel Freude an ihr. Ich kaufe meistens im April kleine Pflänzchen und halte sie über den Sommer als Kübelpflanzen auf der Terrasse. Zwei Pflanzen sollten es mindestens sein, um die Befruchtung zu sichern. Sie wird etwa 40 cm hoch und hat lila gefärbte Blüten. Im Spätherbst beginnen die Früchte zu reifen. Sie sind etwa so groß wie eine Kiwi und schmecken wie eine Mischung aus Birne und Melone. Ich stelle die Pflanze dann in den Wintergarten und ernte im Winter die Früchte. Man kann sie mit der Schale essen.

Birnenmelone

Goji-Beere

Goji-Beeren (*Lycium barbarum*) stammen ursprünglich aus China und sind jetzt auch bei uns wegen ihres hohen Gehalts an wichtigen Vitaminen, Mineralstoffen und Spurenelementen bekannt geworden. Der Strauch fühlt sich in Mitteleuropa so wohl, dass er sogar aus Gärten heraus verwildert. In meinen Garten habe ich den Goji-Strauch auch aus Neugier aufgenommen, und zwar die Sorte ‚Big and Sweet'. Er ist insgesamt eher unscheinbar, bildet lange Ranken, die stark überhängen. Die kleinen, lilafarbenen Blüten erscheinen ab Juni, und im

Spätsommer bis in den Herbst kann ich die leuchtend roten Beeren ernten. Die Beeren schmecken – trotz des verheißungsvollen Sortennamens – fruchtig-herb und säuerlich. Man kann sie frisch oder getrocknet essen. Nach der Ernte schneide ich den Strauch ähnlich wie eine Johannisbeere auf 6 bis 8 Ruten zurück.

Japanische Weinbeere Die Japanische Weinbeere, auch Rotborstige Himbeere genannt *(Rubus phoenicolasius)*, ist hierzulande nur wenig bekannt. Auch im Paradiesgarten steht sie jetzt erst das dritte Jahr. Sie ist eine Verwandte von Brombeere und Himbeere und schmeckt auch ähnlich wie die Himbeere. Wie die Goji-Beere ist sie völlig pflegeleicht, in Nordamerika wächst sie wild an Feld- und Wegrändern. Sie braucht humosen, tiefgründigen Boden. Dort bildet sie lange Ranken, ähnlich der Brombeere. Die Ranken leite ich über den Jägerzaun, der den Garten vom Kompost abteilt. Dort steht sie an einem halbschattigen Platz. Im zweiten Jahr bilden sich an ihnen Seitentriebe, die im Mai blühen und im Juli und August Früchte tragen. Nach der letzten Ernte im Spätherbst schneide ich die abgeernteten Ruten bodennah ab. Dann bekommt die Pflanze Kompost und vor dem Austrieb etwas Beeren-Dünger. Diese Pflanze erhielt ich von einem ganz besonderen Menschen, und sie wird deshalb bei uns geliebt, trotz der stacheligen Zweige.

Japanische Weinbeere

Kräuter

Neben den üblichen Küchenkräutern wie Petersilie, Salbei, Rosmarin, Oregano, Thymian gibt es auch Heilkräuter, und auch aus den Küchenkräutern werden Heiltees: zum Beispiel Thymiantee mit Honig gegen Erkältungen.

Beinwell Ein altes Heilkraut ist der Beinwell *(Symphytum officinalis)*, er wird gegen Verletzungen angewendet. Wie der Borretsch ist er ein Raublattgewächs. Er sollte in keinem Garten fehlen. Außerdem ist er wichtig für Kräuteraufguss und Mulch, weil er viele Nährstoffe aus dem Boden speichert. Schon im April blüht im Paradiesgarten eine gelbe Beinwellsorte am Rand der Kompostanlage, der Knotenbeinwell *(Symphytum tuberosum)*, der niedriger bleibt als der normale Beinwell. Diese Pflanze ist auch eine wichtige und sehr frühe Nektarpflanze für Hummeln.

Beinwell

Später erscheint dann die große Staude. Sie wird etwas 1,5 m hoch und braucht Platz! Die violett-blauen Blüten locken magisch Hummeln und Bienen an.

Die Wurzel enthält im Spätherbst die wirksamsten Stoffe. 250 g frische Wurzeln und Blätter kleingeschnitten mit ¼ Liter Olivenöl 20 Minuten lang leicht köcheln lassen. Das Öl durch ein Tuch filtern. Etwa 20 g Bienenwachs im Wasser schmelzen und den Ölabsud unter ständigem Rühren portionsweise hineingeben. In Salbentöpfe geben und bei rheumatischen Beschwerden, bei Prellungen und Verstauchungen auftragen. Die Inhaltsstoffe Alatonin und Cholin aktivieren die Knochenbildung nach einem Bruch und wirken entzündungshemmend bei Verstauchungen, Quetschungen und Geschwüren. Für Umschläge und Einreibungen bei rheumatischen Beschwerden, Verstauchungen, Zerrungen o.ä. legt man 2 bis 3 Blätter übereinander und walkt mit einem Nudelholz oder einer Flasche darüber, bis der Pflanzensaft austritt. Auf die schmerzende Stelle aufgelegt, wirken die Blätter als kühlender Verband. Die Beinwell-Jauche sorgt durch den hohen Mineralstoffgehalt für das Wohl der anderen Gartenpflanzen.

Griechischer Bergtee

Der Griechische Bergtee (*Sideritis* in verschiedenen Arten) kommt wie der Name schon sagt aus warmen, steinigen Gegenden zu uns. Er liebt daher sonnige, durchlässige Böden. Winterhart ist er nur mit etwas Schutz vor dem Frost oder in geschützten Lagen. Vom Aussehen erinnert er ein wenig an Salbei, nur dass die Blüten gelb sind. Traditionell bereiteten sich die Hirten in Griechenland einen Tee aus Stängeln, Blättern und Blüten zu, der mild, süß und leicht zimtig schmeckt. Heute weiß man, dass dieser Tee eine positive Wirkung auf das Immunsystem und das Gehirn hat, sowohl bei Depressionen als auch bei Alzheimer.

Hauswurz

Der Hauswurz (*Sempervivum*) ist an sich keine ungewöhnliche Pflanze, er galt schon im Mittelalter als Schutz gegen Blitzschlag. Weniger bekannt ist jedoch, dass sein Saft ähnlich wie der der Aloe vera kühlend und heilend wirkt. Bei uns wächst der Hauswurz zusammen mit dem Steinbrech (*Saxifraga*) auf dem Dach des Holzstadels, das wir zu einem kleinen Steingarten gemacht haben. Er ist robust und zäh, liebt volle Sonne und sandig-steinigen Boden zwischen Steinen und

Hauswurz

lehmiger Erde, bei uns gemischt mit Lavagrus. Der Hauswurz blüht im Juli und August, danach bildet die Pflanze Tochterrosetten, die ich mit dem Messer vorsichtig abschneide und in sandiger Erde anziehe.

Jiaogulan Die zarte Kletterpflanze Jiaogulan (*Gynostemma pentaphyllum*) wird auch „Deutscher Ginseng" genannt, denn obwohl sie mit dem echten Ginseng nicht verwandt ist, enthält sie doch sehr viele gleiche Inhaltsstoffe. Diese Stoffe sollen das Tumorwachstum hemmen und Blutdruck sowie Cholesterinspiegel senken. In China wird aus den Blättern ein Tee zubereitet, wir nehmen nur einige Blättchen in den Kräutertee oder essen sie regelmäßig frisch vom Strauch. Die Pflanze ist in unserem Garten winterhart, sie zieht im November ein und treibt im Frühjahr wieder aus. Dann rankt sie sich am Rankgitter der Rose hoch. Im Topf gedeiht der Jiaogulan im Winter auch im Haus.

Jiaogulan rankt am Tor empor

Brasilianischer Sauerklee Unter den vielen Sauerklee-Arten ist der Brasilianische Sauerklee (*Oxalis triangularis*) mit seinen roten Blättern und lila Blüten eine besonders hübsche Zierpflanze. Die jungen Blätter schmecken aber auch erfrischend säuerlich im Tee oder im Salat, dort sehen sie außerdem gut aus. Die Pflanze ist robust und verträgt viel Trockenheit, sie gedeiht auf der Terrasse, im Garten oder am Fenster. Im Winter sollte man die Knöllchen jedoch im Garten ausgraben und geschützt lagern bis zum nächsten Frühjahr.

Diese Kräuter nehme ich für meinen Kräutertee

Spitzwegerich
Indianernessel
Königskerze
Tannenspitzen
Calendula,
Brennnessel
Melisse
Rosenblätter
Pfefferminze

Olivenkraut

Olivenkraut Das Olivenkraut (*Santolina viridis*) ist verwandt mit dem etwas bekannteren Heiligenkraut. Er wird nicht besonders hoch, und sieht mit seinen grünen, dicken Blättern und den gelben, knopfartigen Korbblüten hübsch aus. Das kräftige, harzige Aroma der Blätter erinnert an Oliven. Es passt gut zu Mittelmeergemüsen wie Zucchini, Auberginen und Tomaten. Im Garten liebt das Kraut ein warmes, trockenes, sogar steiniges Plätzchen mit kalkhaltigem Boden. Bei mir fasst es die Sonnenterrasse ein, ich habe kalkhaltige Steine dazwischen gelegt. Es gedeiht auch im Balkonkasten ohne viel Wasser. Das Olivenkraut will regelmäßig geschnitten werden. Es ist pflegeleicht und winterhart, wächst aber auch im Wintergarten.

Schnitt-Knoblauch

Schnitt-Knoblauch Der Schnitt-Knoblauch (*Allium tuberosum*) oder Knolau ist ein chinesischer Verwandter des Bärlauchs (*Allium ursinum*). Er schmeckt wie milder Knoblauch, jedoch werden wie beim Bärlauch hauptsächlich die Blätter in der Küche verwendet. Ein wichtiger Unterschied zum Knoblauch: Nach Schnitt-Knoblauch riecht man nicht, wenn man ihn gegessen hat. Er ist stabiler als Schnittlauch und wird auch nicht gelb. Den Garten schmückt er ähnlich wie der Bärlauch mit niedrigen weißen Blüten, doch liebt er im Gegensatz zum Bärlauch die Sonne. Die kleinen Zwiebeln setzt man im Herbst bis in die ersten Wintertage in lockeren, durchlässigen Gartenboden.

Stevia Stevia oder Honigkraut kennen viele Menschen als zuckerfreie Süße in verschiedenen fertigen Lebensmitteln. Die Pflanze wächst aber auch im Garten, ist jedoch nicht winterhart. Die Blätter erreichen ihren höchsten Süßegehalt kurz vor der Blüte. Sie können immer geerntet werden. Die Triebspitzen schneide ich ab, dadurch wird die Pflanze buschiger. In der Wachstumsphase im Sommer freut sich die Pflanze über biologischen Dünger (Tomatendünger). Vor dem Winter stelle ich sie in einem kühleren Raum ans Fenster.

Zitronenverbene Die Zitronenverbene (*Aloysia citrodora*) gibt eine wahre Duftwolke aus Zitrusaromen in den Tee. Ich ziehe sie nicht nur im Kräuterbeet, sondern auch im Kübel auf der Terrasse. So ist sie immer griffbereit, und da sie nicht winterhart ist, kann ich den Kübel dann an einen frostfreien, dunklen Platz stellen. Im Frühjahr bekommt sie einen kräftigen Rückschnitt, sowohl an der Wurzel als auch an der Krone, und ich topfe sie neu ein. Sie sollte dabei eine gute Drainage aus Lavagrus oder Split bekommen. Ein Tee aus Zitronenverbene wirkt harmonisierend auf Atmung, Verdauung und Gemüt. Für ein erfrischendes Getränk kann man die frischen Blätter auch in Mineralwasser 10 bis 20 Minuten ziehen lassen. In Obstsalat, Konfitüren und Gelees kommt die zitronige Note gut zur Geltung.

Den Boden bedeckt halten: Mulch und Gründüngung

Wenn es um den Boden geht, nehme ich mir die Natur zum Vorbild: Im Wald etwa gibt es keinen „nackten" Boden wie in unseren Gärten. Jedes Fleckchen ist entweder mit Kräutern oder mit Laub bedeckt. Das schützt den Boden vor dem Austrocknen, aber auch davor, bei einem Regenguss weggeschwemmt zu werden.

Der übliche Rindenmulch, den heute viele Gärtner zum Schutz gegen Unkraut benutzen, laugt den Boden aus. Er enthält viele Gerbstoffe, die zwar das Aufkeimen von Unkraut verhindern, aber auch viele erwünschte Pflanzen nicht mehr hochkommen lassen. Mein Mann stellt den Mulch aus den Gartenabfällen mit einem eigenen Häcksler her. Weiches Material kommt dabei auf den Kompost, härteres wie z.B. Sonnenblumenstängel in den Häcksler.

Ich streue den Mulch im Abstand von wenigen Tagen in einer ganz dünnen Schicht locker über die Beete: Er verschwindet schon nach 4 bis 5 Tagen durch Verrottung und durch die Arbeit der Regenwürmer, er ist sozusagen Regenwurm-Futter, das diese wichtigen Helfer in den Garten lockt.

Neben dem Häckselmulch gibt es noch andere Möglichkeiten, den Boden bedeckt zu halten: So lasse ich im Herbst die Vogelmiere stehen, die viele als Unkraut bekämpfen. Die Miere bedeckt den Boden oberflächlich, ohne sich zu tief zu verwurzeln, und sie lässt sich leicht wieder ausreißen, bevor sie sich aussamen kann. Sie bereichert im Winter den Salat, ebenso wie die Blätter des Franzosenkrauts *(Galinsoga parviflora)*. Die Miere enthält viel Vitamin C und ist darum gesund. Das Scharbockskraut kann man ebenfalls im Salat essen, jedoch nur die Blätter, bevor die Blüten erscheinen; es

Gartenphilosophie

Heilung

Wer sich Zeit nimmt, erkennt, dass ein Garten noch mehr ist als ein Ort der Erholung, er ist ebenso ein Ort des Erlebnisses und der Heilung.

Scharbockskraut

bedeckt schon im zeitigen Frühjahr den Boden und hält die Erde fest (s. S. 58).

Ähnlich wie die Vogelmiere können auch die selbst geernteten Samen von Feldsalat und Wildsalat dazu dienen, den Boden über den Winter bedeckt zu halten und damit zu schützen. Auch die alten Spinatsamen nehme ich dafür. Ich streue sie locker zwischen die Stauden und an den Rand. Sie durchwurzeln den Boden mit ihren zarten Wurzeln und halten ihn damit einerseits locker, andererseits sorgen sie dafür, dass er nicht weggeschwemmt wird. Je nach Witterung erscheint helles oder dunkles Grün, und es reicht immer für eine Salaternte. Die Wurzeln bleiben dabei im Boden, sie sind Futter für die Kleinlebewesen. Sind die kleinen Pflänzchen erfroren, bleiben sie auf dem Boden liegen und dienen als Mulch.

Kompost

Der Kompost ist in unserem Garten besonders wichtig, weil wir dem Garten ja bis auf Hornspäne keine Nährstoffe in Form von Dünger zuführen. Das heißt, dass die frischen Nährstoffe aus dem Kompost kommen müssen, er ist die Grundlage der Bodenfruchtbarkeit.

Alle weichen Gartenmaterialien verroten hier zu neuer Erde. Dabei gibt es Ausnahmen: Besonders hartnäckige und unerwünschte Beikräuter wie Hahnenfuß und Ackerwinde kommen nicht hinein, damit sich die Samen oder Wurzeln nicht über den Kompost aufs neue im Garten verbreiten können.

Ich habe vier Komposthaufen: So kann ich immer von einem Haufen frische Erde nehmen, während zwei andere abgedeckt ruhen und einer neu aufgeschichtet wird.

Es gibt verschiedene Prinzipien, wie Kompost zum Verrotten gebracht werden kann. Moderne „schnelle Brüter" etwa setzen auf Luftabschluss und Vergärung, sie brauchen spezielle Plastikbehälter. Ich ziehe die „natürlichere" Methode vor: Mein Kompost wird luftig und feucht geführt, aber nicht tropfnass. Als seitliche Stützen, um den Kompost aufzuschichten, dienen alte Fensterläden. Die schräg gestellten kleinen Blenden lassen auf allen Ebenen Luft an den Kompost. Nach unten hin muss der Kompost Anschluss an die Erde haben, denn von hier kommen die erwünschten Würmer und kleinen Organismen, die die Verrottung beschleunigen. Die erste Schicht, die daraufgelegt wird, besteht aus grobem, luftigem Material, etwa Staudenschnitt. Nach oben hin werden die Schichten dann immer weicher, Grobes wird nun mit Feinem gemischt, etwa mit Blättern und Herbstlaub. Vor einer neuen Schicht begieße ich den Kompost noch einmal mit Kräuterbrühe und streue Gesteinsmehl darüber. Als Zwischenschicht eignen sich auch gut abgetragene Maulwurfshügel: Sie sind locker und bestehen aus guter Erde. Darauf folgen dann die Küchenabfälle, jedoch nur rohe, um keine Mäuse und Ratten anzuziehen, und keine Reste von dickschaligen exotischen Früchten wie Orangenschalen. Kaffeesatz und Tee bringen gute Nährstoffe in den Kompost, ebenso kleingedrückte Eierschalen. Das Zerdrücken der Eierschalen beschleunigt nicht nur die Verrottung, sondern sorgt auch dafür, dass der Marder die Schalen nicht quer durch den ganzen Garten schleppt.

Um den Kompost luftiger zu machen, kommt Stroh hinein, wobei ich eine ganz spezielle Quelle habe: Wir kennen einen Kaninchenzüchter, der seine Ställe mit Bio-Stroh ausstreut und dieses noch dazu mit effektiven Mikroorganismen impft („EM", für uns steht jedoch die Bio-Qualität im Vordergrund). Er gibt uns das alte Stroh aus den Kaninchenställen, durchsetzt mit Hasenmist. So kommen mit dem Stroh viele organische Nährstoffe in den Kompost.

Dagegen darf Grasschnitt nicht auf den Kompost: Er fängt leicht an zu schimmeln und zu faulen. Diese Art der Zersetzung ist im Kompost unerwünscht: Ein gut geführter Kompost stinkt nicht, seine Verrottung verläuft wie bei feuchtem Laub am Waldboden.

Ist eine Abteilung voll, so wird der Kompost oben mit Laub oder Stroh abgedeckt und darf dann ruhen. Im Spätherbst werden grundsätzlich alle Komposthaufen mit einer luftdichten Plane abgedeckt, denn unbedeckter Kompost fängt ohne Wärme leicht zu faulen an. Die Feuchtigkeit der frischen Materialien unter der Plane reicht aus, die Rotte am Laufen zu halten, und es bleibt darunter länger warm. Durch die Verrottung entwickelt sich Wärme, die kleine Tiere wie Mäuse und Blindschleichen anzieht. Regenwürmer und die Engerlinge der Rosenkäfer fressen und verdauen weiches Pflanzenmaterial, ihre Gänge sorgen auch für bessere Durchlüftung. Die eigentliche Arbeit im Kompost verrichten die kleinen Kompostwürmer und die Mikroorganismen, die für die Verrottung

Bio-Bananen für Rosen

Bananen enthalten viel Kalium und Magnesium. Ich schneide darum die Schalen unserer Bio-Bananen klein und gebe sie in die Erde um meine Rosen.

sorgen. Sie haben es gerne luftig und feucht. Daher braucht auch ein ruhender Kompost im Sommer eine gewisse Pflege: Ich begieße ihn mit Kräuterbrühe, um ihn feucht zu halten.

Eigentlich sollte man den Kompost regelmäßig umsetzen, das heißt, den ganzen Haufen an eine andere Stelle umgraben, damit Luft zwischen die verschiedenen Schichten gelangt und sie gut durchmischt werden. Doch ist dies ein beschwerliches und anstrengendes Geschäft, und ich habe festgestellt, dass der Kompost auch verrottet, wenn man ihn nicht umsetzt – es dauert vielleicht ein wenig länger, was aber bei vier Komposthaufen nicht so ins Gewicht fällt. Um während des Jahres für ein gutes Klima im Kompost zu sorgen, habe ich stattdessen einige Holzpfähle mitten hinein gesteckt, an denen ich im Vorbeigehen immer mal wieder rüttele. So kommt an den Pfählen entlang Luft in den Kompost.

Schon nach einem halben Jahr ist der Kompost im Prinzip reif zur Verwendung, ich lasse ihn aber meist ein ganzes Jahr stehen, ehe ich ihn durch ein Sieb schaufele und auf den Beeten verteile.

Der Kompost wird im Garten nicht in Reinform eingesetzt, sondern immer mit Lavagrus, Sand und Erde vermischt, ehe er auf die Beete kommt.

Kräuterbrühen

Schachtelhalmbrühe

Der Acker-Schachtelhalm (*Equisetum arvense*) ist eine sehr urtümliche Pflanze, die es schon zur Zeit der Dinosaurier gab. Er enthält Silizium, deshalb hat man ihn früher zur Reinigung von Zinngeschirr verwendet. Für das Spritzmittel gegen den Mehltau wird dieses Silizium aus den Pflanzen „herausgekocht". Silizium stärkt die Zellwände der Pflanzen, außerdem reagiert es zu Kieselsäure, die den Mehltau bekämpft. Im Garten habe ich fast keinen Schachtelhalm, denn er ist eine Zeigerpflanze für verdichteten Boden. Ich sammle ihn daher an festgetretenen, lehmigen Wegrändern – wenn ich sicher bin, dass dort keine Pestizide gespritzt wurden.

Für einen Spritzgang koche ich etwa 200 g frischen Schachtelhalm in 5 Liter Wasser auf. Die fertige Brühe verdünne ich vor dem Spritzen im Verhältnis 1:10.

Kompost
Der Kompost ist die Grundlage der Bodenfruchtbarkeit.

Aktivator

Der Pflanzen-Aktivator geht auf Rudolf Steiner zurück, den Begründer der Anthroposophie und der Waldorfschulen. Seine Ideen wurden von Maye E. Bruce weiterentwickelt in ihrem Buch *Common sense compost making*, das um die Mitte des vergangenen Jahrhunderts erschien. Das wichtigste an ihrem Rezept für „Schnellkompost" war eine Mixtur, die die Verrottung fördert: Es ist zunächst ein Pulver aus verschiedenen Kräutern, das bei Bedarf in Wasser angerührt wird:

* 2 Teelöffel Baldrian
* 2 Teelöffel Löwenzahn
* 2 Teelöffel Brennnessel
* 2 Teelöffel Kamille
* 2 Teelöffel Eichenrinde

* 2 Teelöffel Schafgarbe
* 2 Teelöffel Schachtelhalm
* 2 Teelöffel Milchzucker
* 2 Tropfen Bienenhonig

Am besten sind die Kräuter, wenn man sie zur Zeit der Blüte oder der Samenreifung wild sammelt. Sie müssen getrocknet und fein gemahlen werden, dabei möglichst die ganze Pflanze verwenden. Die Kräuter trockne ich auf mit Draht bespannten Rahmen, die ich an unseren Kachelofen stelle, man kann sie jedoch auch in einem Kissenbezug an einem trockenen, luftigen Platz aufhängen oder auf Kuchenblechen auslegen. Wer sie nicht selbst sammelt, sollte in der Apotheke bei diesen Kräutern nach *planta tota* fragen, dann ist auch die Wurzel mit verarbeitet.

Wer es schon einmal probiert hat, weiß, wie schwierig es ist, die lange Pfahlwurzel des Löwenzahns aus der Erde zu bekommen. Ich verwende daher manchmal nur die oberirdischen Teile der Pflanze, auch wenn die ganze Pflanze besser wäre.

Auch die Eichenrinde aus dem Rezept kann man in der Apotheke erhalten, denn durch die enthaltene Gerbsäure wirkt sie heilend bei vielen Hautkrankheiten. Man kann natürlich auch Rinde von schon gefällten oder umgefallenen Eichen im Wald einsammeln. Das Problem ist hier die Verarbeitung: Die Eichenrinde ist so hart, dass sie den Mixer kaputt macht. Ich bin daher froh, dass ich jetzt eine Quelle habe, wo ich Eichenrinden-Pulver bzw. gemahlene Eichenrinde bestellen kann. Von dem fertig gemischten Pulver gibt man ½ Teelöffel auf ½ Liter Regenwasser, schüttelt und lässt die Mischung 24 Stunden stehen. Von

Tee-Rezept gegen Braunfäule

```
2 Liter kaltes Wasser
10 g Ackerschachtelhalm
10 g Kamille
10 g Brennnessel
```
zum Kochen bringen, 20 Minuten lang leicht köcheln,
dann abkühlen lassen. Eine mittlere Knoblauchzehe
zerdrücken und mit 2 Tropfen Teebaumöl in den Tee
geben, rund 3 Stunden ziehen lassen. Dann alles
abseihen und mit 8 Litern kaltem Wasser auffüllen.
Danach 10 Minuten rechts herum mit dem Holzlöffel
rühren, so dass sich ein Wirbel bildet.
An den Fruchttagen des Mondkalenders morgens spritzen, nach drei Wochen wiederholen.
Das Rezept stammt von Fabio Angeli.

der fertigen Flüssigkeit gebe ich ca. 6 Teelöffel (30 ml) auf eine 10-Li-
ter-Kanne. Damit gieße ich besonders im Frühjahr, bis alles sprießt.
Die Erde und der Kompost werden großzügig übergebraust.

Die Brennnesselbrühe

Die Kräuterbrühe oder -jauche ist mein Flüssigdünger. Pflanzen wie
Beinwell und Brennnessel holen Nährstoffe aus dem Boden, an die andere Pflanzen nicht herankommen. Die Nährstoffe, die in ihren Blättern gespeichert sind, gehen dann in die Kräuterbrühe über.
In ein Plastikfass (mit Deckel, etwa 10 Liter) gebe ich ungefähr ein Ki-
logramm Blätter von Beinwell, Brennnessel, verschiedenen Kräutern
sowie Zwiebelschalen. Dann fülle ich das Fass mit Regenwasser auf.
Den sich entwickelnden Geruch mildere ich mit Algomin-Gesteins-
mehl und einigen Tropfen Baldrian-Extrakt.
Tägliches Rühren bringt Sauerstoff in die Mischung. Dafür rühre ich so
lange, bis ein Wirbel entsteht. Für meinen Garten reichen mir 2 Plastik-
fässer mit Jauche aus.
Als Düngung für die Starkzehrer verdünne ich die Mischung im Verhältnis 1:10. Der Dünger wird direkt an die Wurzeln gegossen, jedoch
nicht bei Sonne, da die Pflanze sonst Verbrennungen bekommt!

Gartenwiesel

Kein Torf bitte!

Früher gehörte Torf zu den Grundbestandteilen vieler Gartenerden. Man kaufte ihn in großen Säcken im Gartenmarkt. Doch das ging zulasten der Moore, wo dieser Torf abgebaut wurde: Einzigartige Lebensräume für viele Tier- und Pflanzenarten wurden zerstört. Zwar wurden nach und nach immer mehr Moore in Deutschland unter Naturschutz gestellt, doch in anderen Ländern, etwa in Russland, geht der Raubbau weiter. Da Moore auch zum Klimaschutz beitragen, ist dies doppelt bedenklich.

Für den Garten war der Torf nicht wegen der Nährstoffe wichtig, sondern weil er den Boden luftig macht und ihm Struktur gibt. Nun gibt es eine einfache Alternative, die nachhaltig ist und immer wieder nachwächst: Kokosfaser. Die Kokosnuss hat ähnlich wie unsere Walnuss eine Hülle aus Fruchtfleisch. Wenn die Nuss geerntet wird, bleiben die Fasern übrig. Sie werden zu „Briketts" oder Blöcken gepresst, die man im Gartenhandel und sogar aus fairer Erzeugung im Weltladen kaufen kann. Wenn man den Block in einem 10-Liter-Eimer mit Wasser quellen lässt, erhält man ein gutes Mittel, um den Gartenboden aufzulockern und ihm Struktur zu geben.

Gartengeräte

Die Ausrüstung, die ich für den Garten brauche, ist recht überschaubar. Sie lagert in einem kleinen Schuppen hinter dem Haus. Liebevoll gepflegt, begleitet sie mich nun schon seit Jahrzehnten.

* Eine tragbare 5-Liter-Pumpspritze
* eine Motor-Gartenfräse Mantis (weil sie klein, schmal und leicht zu tragen ist)
* eine Schubkarre
* ein Rechen aus Metall
* ein Spaten von robuster Qualität
* eine Grabgabel mit starkem Stiel
* eine breite Stufenhaue/Hacke für grobe Arbeiten
* eine kleine Hacke mit Blatt und zwei Zinken
* ein Sauzahn mit langem Stiel zur Reihenbearbeitung
* ein Gartenwiesel („Sternfräse")

* ein Unkrautstecher
* eine Rosenschere bzw. Rebschere, die gut in der Hand liegt!
* eine große, stabile Astschere für Stauden, Himbeeren etc.
* eine kleine Astsäge, aufklappbar

Von den Gartengeräten ist mir das liebste und unentbehrlichste die Rebschere. Mein Motto: Ohne Schere gehe ich nicht in den Garten.

Tiere im Garten

Tiere im Garten sind oft ungebetene „Mitesser", gerade die Schnecken oder die Wühlmäuse. Dadurch, dass mein Garten so nah am Haus liegt und ich jeden Tag durch den Garten gehe, kann ich aber solche ungebetenen Gäste leicht entfernen, ehe sie überhand nehmen. Dazu kommt das „geordnete Durcheinander" unseres Gartens: Wenn das Gemüse im Garten in sortenreinen Reihen steht, sozusagen in Monokultur, können Schnecken oder Engerlinge schneller einen „Durchmarsch" machen und sich von einer Pflanze zur anderen fressen. Stehen aber die Salate mal hier, mal da zwischen Ringelblumen (die die Schnecken nicht mögen) oder Zwiebeln, ist das Mitessen für die Gartentiere deutlich umständlicher.

Drahtwürmer Die Larven des Schnellkäfers werden Drahtwürmer genannt. Sie leben im Boden und fressen gerne Salatwurzeln und andere Wurzeln an, so dass die ganze Pflanze verkümmert. Die Schäden erkennt man daran, dass die Wurzeln runde Löcher haben oder von runden Gängen durchzogen sind. Während ich in der Anfangszeit viel mit ihnen zu kämpfen hatte, sind sie jetzt wesentlich seltener geworden, wahrscheinlich, weil der Garten sein Gleichgewicht gefunden hat, aber auch durch einen Trick: Rund um den Salat, den die Drahtwürmer gern befallen, werden rohe halbe Kartoffeln gelegt. Auf diesen sammeln sich die Drahtwürmer, und man kann sie absammeln.

Mäuse Wühlmäuse im Garten erkennt man daran, dass sie das Gemüse buchstäblich hinunter in ihre Gänge ziehen.
Die kleine Haselmaus, die eigentlich enger mit den Siebenschläfern als mit den Mäusen verwandt ist, hinterlässt Nussschalen, die an der Spitze sauber rund aufgenagt sind, oder kleine Häufchen von Erdbeersamen,

Marienkäfer

Nussschalen, die von der Haselmaus angenagt wurden.

Raupen und Blattläuse

Wem Mutter Natur ein
Gärtchen gibt und Rosen,
dem gibt sie auch Raupen
und Blattläuse,
damit ers verlernt,
sich über Kleinigkeiten
zu entrüsten.
(Wilhelm Busch)

Tagpfauenauge

Kohlweißling

die sie zusammengetragen hat. Sie ist ein gern gesehener Gast in meinem Garten.

Schnecken Schnecken sind der Schrecken jedes Gärtners. An den Gartentagen fragen die Besucher immer wieder, was ich gegen Schnecken unternehme. Die Antwort lautet: LEBEN UND LEBEN LASSEN. Die Aufgabe der Schnecken ist es, welkes Pflanzenmaterial aus dem Garten zu vertilgen. Darum lasse ich ihnen auch immer etwas Häcksel, der den Boden bedeckt: genug, um dort kleine Pflanzenreste zu finden, aber nicht genug, um sich darin zu verkriechen. Natürlich mögen die Schnecken ganz besonders das zarte, frische Grün neu austreibender Pflanzen. Bei gefährdeten Pflanzen kann es daher helfen, sie in Töpfen an einem geschützten Platz, etwa auf einem Balkon, vorzuziehen, bis sie stark genug sind, dass die Schnecken sie links liegen lassen. Pflanzen, die aus dem Gewächshaus kommen, sind grundsätzlich zarter als solche, die draußen groß geworden sind. Balkon und Blumenkasten sind daher eine gute Lösung, um die Pflanzen ein wenig abzuhärten, ehe sie ins Beet kommen. Mit meinen Dahlien mache ich es genauso: Ehe die Knollen nach den Eisheiligen wieder ins Beet kommen, stehen sie schon seit März in Kübeln draußen und treiben so geschützt ihre ersten Triebe (s. S. 112). Man hört zwar oft, dass Pflanzen im Hochbeet vor Schnecken geschützt sind, das kann ich nicht bestätigen: Schnecken überwinden die Höhe ohne Probleme.

Das einzige, was ich sonst noch gegen die Schnecken tue, ist zwischen den Beeten kleine Holzbrettchen auslegen, unter denen die Schnecken ihre Eier ablegen und die schwarzen Schnecken sich verkriechen. Dreht man die Bretter um, sind die Eier ein willkommenes Futter für die Vögel.

Tipp gegen Kohlweißlinge

Wenn Blumenkohl und Brokkoli ins Freiland gesetzt werden, lege ich einige abgeschnittene Geiztriebe von meinen Tomaten darauf. Der Geruch der Tomaten verwirrt den Kohlweißling, der seine Eier gerne auf diesen Kohlsorten ablegt. Da von den Tomaten immer wieder Geiz- oder Seitentriebe ausgebrochen werden müssen, kann man dieses Täuschungsmanöver öfters mit frischen Trieben wiederholen.

Ausblick

Über Rosen und Etagen-
verbene geht der Blick
an der Wildhecke vorbei
auf die Streuobstwiese.

Anzucht-Erde

1 Teil reifer Kompost
3 Teile Gartenerde
1 Teil Sand
etwas Holzasche aus dem
   Kachelofen

Mit Gesteinsmehl spare
ich nicht. Der hohe
Gehalt an Kieselsäure
und Mineralien hilft
beim Keimen und Wachsen.
Die Asche hat eine
desinfizierende Wirkung.

Frühjahr

Das wichtigste im Winter und im frühen Frühjahr ist die Geduld: Wer zu früh anfängt, setzt seine Pflanzen nur der Gefahr von Frost aus. Besser ist es, auf den Verlauf des Wetters und die Entwicklung der ersten Pflanzen zu achten. Etwas später in die warme Erde gesäte Pflanzen holen oft den Vorsprung mühevoll vorgezogener Pflanzen in wenigen Wochen auf und sind noch dazu kräftiger. Bohnen säe ich darum immer erst nach den Eisheiligen, und auch Wicken kommen direkt in den warmen Boden.

Schon im FEBRUAR setze ich die Schachtelhalm-Brühe an und gieße sie über das ganze Stückchen Land.

Im Februar werden auch viele Stauden auf etwa 5 cm Höhe zurückgeschnitten, die über den Winter noch den Garten geschmückt hatten oder den Tieren Schutz und Futter boten: Rudbeckien, das Berufkraut (s. S. 74) Taglilien, Clematis usw. bilden das Material für das erste Häckseln im Frühjahr. Der Mulch, der dabei entsteht, ist wichtig, um den Boden bedeckt zu halten (s. Mulchen S.35).

Auch die Heidelbeeren werden im Frühjahr ausgelichtet: Die kleinen Ästchen, die nach innen wachsen, werden entfernt.

Wenn der FELDSALAT im März wächst, sollte man ihn schnell ernten, denn er geht jetzt schnell in die Blüte. Einige Blüten lasse ich ohnehin stehen, um den Samen zu ernten. Dazu wähle ich vorzugsweise Pflanzen, die sich selbst ausgesät haben. Sie sind besonders stabil und geben guten Samen.

Wenn die Forsythien blühen, also bei uns meist im MÄRZ, wird es Zeit, die Rosen von ihrem Winterschutz zu befreien und auch zu schneiden. Wenn ich sie von ihrer Mulchdecke befreit habe, decke ich die frischen, blassen Triebe, die darunter hervorkommen, mit Tannenreisig ab, um

Gartenphilosophie

Arbeit

Im Garten finde ich alle Tage etwas, das mein Herz erfreut – und wenn es die Freude am eigenen Tun ist, das nicht in mühselige Arbeit ausarten sollte.

sie vor der Frühjahrssonne zu schützen. Sie müssen sich erst langsam an das Sonnenlicht gewöhnen.

Im April, wenn die Rosen ausschlagen, beginne ich damit, einmal wöchentlich mit meiner Schachtelhalmbrühe (s. S. 38) in der Pump-spritze durch den Garten zu gehen, um Mehltau vorzubeugen. Ich besprühe vor allem Rosen, die Clematis und die Erdbeeren. Dabei ver-meide ich es, bei starker Sonne oder bei Regen zu spritzen. Diese vor-beugenden Spritzgänge unternehme ich bis in den August.

Blumen und Gemüse vorziehen

Zum Anziehen von Gemüse und Blumen nehme ich die alte Blumenerde aus den Blumenkästen vom Vorjahr, vermischt mit Sand und eventuell etwas Kokosfasern. Diese Erde hat den Vorteil, dass sie nicht vorge-düngt ist, denn der Dünger könnte die zarten ersten Wurzeln verbren-nen. Außerdem enthält sie keine Unkrautsamen.

Welche Blumen vorziehen?

Alle Blumensamen, die im Herbst gesammelt wurden, werden dunkel und trocken aufbewahrt bis zum Frühjahr. Ab 15. März werden sie im Wintergarten vorgezogen oder später ins Freiland gesät. Eine Ausnahme bilden die Löwenmäulchen, die über den Sommer hin gesammelt und ab Februar vorgezogen werden. Bei den Löwenmäulchen gibt es zahlreiche Hybriden, die sich nicht zum Aussäen eignen. Auch hier sage ich daher „Leben und leben lassen" und kaufe ein paar Samentütchen im Garten-handel – der Händler will auch leben. Wilde Löwenmäulchen samen sich aber auch von selbst im Garten aus.

Als grobe Regel ziehe ich die feinen Blumensamen vor, während die größeren wie etwa die kräftigen Kugeln der Kapuzinerkresse, der Wicke oder die Sonnenblumenkerne direkt ins Freiland können – die Sonnen-blumen säen sich allerdings auch gerne selbst aus.

Bei manchen Blumen ist beides möglich, Vorziehen oder Aussaat ins Frei-land, zum Beispiel bei den Zinnien oder bei der Spinnenblume. Die vor-gezogenen Pflanzen nutze ich dann, um gezielt Lücken im Beet zu füllen. Zu den feinen Blumensamen, die ich im Topf vorziehe, gehören etwa Ageratum und Tagetes. Ich fange nicht vor Mitte März damit an, weil die Pflanzen sonst zu groß werden, ehe sie nach draußen dürfen. Bis zur

Löwenmäulchen

Ageratum

Keimung besprühe ich die Samen regelmäßig dünn mit Wasser und decke den Topf mit einem durchsichtigen Deckel ab. Sobald der erste Keim da ist, sollte man regelmäßig lüften, um Schimmel und Fäulnis zu vermeiden. Sehr gut eignet sich der abgeschnittene obere Teil einer PET-Flasche als kleines „Dach" über dem Blumentopf. Wenn man den Schraubverschluss nach dem Keimen öffnet, entsteht von selbst genug Luftaustausch.

Lichtkeimer und Kaltkeimer

Wichtig ist es zu wissen, welche Pflanzen Lichtkeimer sind: Bei den Blumen etwa Strohblumen, Mohn, Skabiosen, Lein, unter den Kräutern Basilikum, Schnitt-Knoblauch und Sommerbohnenkraut. Deren Samen soll man nicht mit Erde bedecken, wenn man sie ab Mitte März vorzieht, denn sie brauchen das Licht zum Keimen.

Eisenhut (*Aconitum*) und Rittersporn sind Kaltkeimer, das heißt, ihre Samen brauchen einen Kältereiz, ehe sie austreiben können. Die Samen enthalten einen Stoff, der die Keimung verhindert und der nur durch Kälte abgebaut wird. Das schützt sie davor, schon an warmen Herbsttagen auszutreiben. Früher habe ich die Samen schon im Januar in kleine Töpfe gegeben und diese nach draußen gestellt. Inzwischen spare ich mir die Mühe und lege einfach die Samen mit ihrem ganzen Tütchen für ein paar Wochen in den Kühlschrank. Bei Feldsalat verfahre ich ähnlich, auch er ist ein Kaltkeimer.

Setzlinge im Wintergarten

Im Februar vorziehen:

Das erste Gemüse, das ich vorziehe, ist im Februar der Sellerie. Er braucht länger zum Wachsen als die anderen Gemüse. Von den Blumen ziehe ich schon die Löwenmäulchen vor.

Anfang März ins Frühbeet aussäen:

Kohlrabi, Wildsalat, Schnittsalat, Radieschen, Kresse, Frühlingszwiebeln, Möhren, Rucola. Mohn und Malven kommen um diese Zeit im Garten von ganz allein.

Mitte März vorziehen:

Tomaten, Wicken, Leberbalsam (Ageratum), Spinnenblume, Tagetes, Zinnien, Astern, und ich lasse die Kartoffeln vorkeimen (s. S. 50).

Mitte März ins Freiland säen:

Rettiche, Möhren, Spinat.

Im März liegt noch Schnee auf den Frühbeeten

Freude

Wer einen Garten pflegt,
schöpft ein Leben lang
Freude.

chinesisches Sprichwort

Auspflanzen im März: Im Frühbeet, Hochbeet und im Freiland: Kohlrabi, Salate, Knoblauch, Stauden, Rosen, Kletterpflanzen

Im April am Fenster vorziehen: Gurken, Kürbis, Zucchini, Sommerblumen, Bohnen, Sonnenblumen

Im April ins Freiland säen: Ungefähr im April säe ich die meisten Sommerblumen, aber auch die Gemüse ins Freiland aus: Erbsen, Mangold, Möhren, Radieschen und Rettich, Sommersalate, Spinat, Küchenkräuter. Für Salat und Radieschen ist das schon die zweite Saat. Gerne säe ich Salatrauke (*Eruca sativa*) aus. Sie ist pflegleicht und gedeiht überall. Salatrauke ist einjährig und sollte vor der Blüte geerntet werden, da sie sonst zu scharf wird. Die Wilde Rauke (*Diplotaxis tenuifolia)* ist mehrjährig und noch etwas pikanter im Geschmack.

Im Mai auspflanzen: Frühe Kartoffeln (vorgekeimt). Gurken, Kürbis, Zucchini, Sommerblumen, Bohnen, Sonnenblumen und Sellerie kommen nach den Eisheiligen in die warme Erde.

Frühkartoffeln Obwohl man oft hört, man solle nur spezielle Saatkartoffeln verwenden, habe ich gute Erfahrungen damit gemacht, einfach die Kartoffeln, die gut schmecken, als Saatkartoffeln zu verwenden. Ich nehme nur frühe bis mittlere Kartoffelsorten.
Die Kartoffeln ziehe ich schon im März „trocken" vor: Es genügt, die Kartoffeln ans Licht zu legen, bis sie kurze, kräftige Keime gebildet haben. Zu lange Keime brechen leicht ab. Etwa 15 Kartoffeln kommen zusammen in einen Karton an einen warmen, hellen Ort. In einem Eierkarton hat sogar jede Kartoffel ihr „Einzelzimmer". Wenn die Kartoffeln gekeimt haben, kann man sie in die Erde setzen.

Kartoffeln setzen: Meine Frühkartoffeln lege ich schon recht früh ins Freiland. Zunächst ziehe ich mit der Hacke eine Furche in den Boden. In diese Furche gebe ich als Unterlage eine Schicht getrockneten und gehäckselten Farn gegen die Kartoffelfäule. Dann folgt eine Schicht Federn aus einem alten Kissen oder Daunenbett und etwas Kompost. Darauf werden die Kartoffeln gelegt. Zwischen zwei Kartoffeln sollte etwa 20 bis 25 cm Abstand sein, mit einem kleinen Holzstab

Vorfrühling
Im März erfreuen mich
Krokusse und Schneeglöckchen
im Schnee.

in der entsprechenden Länge lässt sich das leicht kontrollieren. Die Kartoffeln werden mit Gesteinsmehl bepudert. Schließlich werden sie von beiden Seiten wieder mit Erde bedeckt. Die Federn lockern den Boden und wirken ähnlich wie Hornspäne als Stickstoffdünger. Den Farn nehme ich im Herbst aus dem eigenen Garten (im Wald sammeln ist verboten) und trockne ihn in der Garage. Er vertreibt den Kartoffelkäfer. Wenn viel Farn vorhanden ist, mulche ich auch noch auf die Kartoffelbeete.

Sobald das Grün erscheint, schütze ich die Pflänzchen mit Gartenvlies, das ich an den Ecken mit Blumentöpfen oder gefüllten Plastiktüten beschwere – andere Halterungen würden das Vlies zerstechen. Wenn der Frost noch einmal so hart wird, dass das Grün trotzdem wegfriert, so ist das zwar ärgerlich, aber eher eine Verzögerung als ein Verlust: Die Kartoffeln treiben wieder neu aus. Früher legte man der Kartoffel einen schwäbischen Reim in den Mund: „Legst Du mich im April, komm ich, wann ich will, legst du mich im Mai, komm ich glei.", aber diese alten Regeln gelten heute nicht mehr so wie früher.

Wenn sich das erste Grün des Kartoffelkrauts zeigt, bepudere ich es einmal in der Woche mit Gesteinsmehl, um die Kartoffelkäfer fernzuhalten. Gedüngt werden die Kartoffeln dann nicht mehr.

Eimerkartoffeln sind ein Spaß für die Kinder

Eimerkartoffeln Noch früher werden die „Eimerkartoffeln" reif: Dafür nehme ich schon im März einen großen Eimer oder Kübel mit Löchern und fülle eine unterste Schicht mit Tonscherben und Sand. Dann folgen eine dünne Schicht Erde und 1–5 vorgekeimte Kartoffeln (je nach Größe des Eimers), die wieder nur etwa 10 cm hoch mit Erde bedeckt werden. Wenn das erste Grün durch die Erde bricht, werden wieder ca. 20 cm Erde in den Eimer gefüllt, so dass die Kartoffel noch einmal Wurzeln bildet. Das neue Grün, das dann über dieser Erdschicht zu sehen ist, wird wieder mit Erde bedeckt, und die Kartoffel wurzelt zum dritten Mal. So fährt man fort, bis knapp unter den Rand des Eimers. Der Eimer wird schön feucht gehalten und an einen sonnigen Platz gestellt, wo man ihn bei Spätfrösten noch bequem unter ein schützendes Dach bringen kann, ähnlich wie die Dahlien. So kann man sehr früh im Jahr schon kleine und große Kartoffeln aus dem Eimer ernten.

Die Kartoffeln aus der allerersten Ernte schmecken oft ein wenig fade, darum koche ich sie in Gemüsebrühe.

Wildtomaten

Tomaten Tomaten bleiben grundsätzlich im Kübel, damit ich sie auf dem Balkon ziehen kann, wo sie es sonnig haben und unter dem Vordach vor Braunfäule sicher sind. Tomaten brauchen nämlich viel Wasser von unten, vertragen aber Wasser von oben schlecht: Mit dem Wasser wird ein kleiner Pilz übertragen, der die Kraut- und Braunfäule auslöst. Eine Ausnahme bildet jedoch die wilde „Urtomate", deren zuckersüße Früchte nur so groß wie Kirschen werden. Sie ist gegen Kraut- und Braunfäule unempfindlich, darum darf sie in den Garten. Ich ziehe sie immer wieder aus ihrem eigenen Samen auf der Fensterbank vor, ebenso wie die Kletter-Zucchini und den Hokkaido. Alle diese Pflanzen ziehe ich aber erst ab Mitte April vor, denn sonst schießen sie zu hoch. Wenn sie zu früh gesät werden, ziehen sie sich zum Licht und werden dabei lang, dünn und wenig stabil. Die vorgezogenen Pflänzchen kommen schon im April auf die Terrasse ans Licht, um sie schon ein wenig abzuhärten. 12 kleine Töpfe kommen dabei auf eine Unterlage, damit man sie leichter bewegen kann, denn bei Kälte müssen sie wieder rein, in den Flur unseres Hauses, wo es mäßig warm ist. Tomatenpflänzchen setze ich schräg zum Stab hin und gebe ähnlich wie bei den Eimerkartoffeln erst nur bis zur Hälfte des Kübels Erde hinzu. Erst wenn sich Wurzeln gebildet haben, wird der Kübel weiter mit Erde gefüllt. So bilden sich mehr Wurzeln, und die Pflanze hat mehr Kraft und auch mehr Halt. Als Düngung kommt Kompost mit in den Topf, außerdem wird die Erde oben mit gehäckselten Brennnesseln und Beinwell bedeckt. Diese Mulchschicht gibt bei der Verrottung Wärme ab, sie gibt der Pflanze Nährstoffe und verhindert, dass der Erreger der Braunfäule von der Blumenerde an die Pflanze gelangt. Einen ähnlichen Effekt hat das Basilikum, das ich in die Tomatenkübel säe: Beide Pflanzen haben die gleichen Bedürfnisse und fördern sich gegenseitig, das Basilikum hält für die Tomate den Boden bedeckt.

Bei Tomaten ist das Ausgeizen wichtig: Die Seitentriebe werden herausgebrochen (nicht geschnitten), damit alle Kraft in den Haupttrieb geht. Wegen der Braunfäule wählt man hierfür am besten einen trockenen, sonnigen Tag. Die herausgebrochenen Geiztriebe lasse ich gleich im Topf liegen: Sie bedecken ebenfalls den Boden und geben der Tomatenpflanze Nährstoffe: Die Tomate „düngt sich selbst". Einige Geiztriebe verteile ich außerdem bei dieser Gelegenheit über die Kohlpflanzen, um den Kohlweißling in die Irre zu führen.

Mini-Gewächshäuser

Samen und Keimlinge brauchen meist ein gleichmäßiges Klima und eine hohe Luftfeuchtigkeit. Ich ziehe sie darum gerne in den durchsichtigen Plastikschalen vor, in denen man Salat im Supermarkt kaufen kann. Die Schalen bekomme ich von Freunden und Nachbarn. Sie sind durchlöchert, so dass sich keine Staunässe bildet, wenn man sie auf eine dichte Unterlage stellt, und sie bieten den Pflänzchen unter ihrem durchsichtigen Deckel Licht, Feuchtigkeit und Schutz vor Zugluft.

Gurken Gurken ziehe ich neben den Tomaten in Eimern oder Kübeln auf dem sonnigen Balkon. Die Kübel haben unten Löcher und stehen in kleinen Wannen, so dass keine Staunässe entsteht, sondern das Wasser ablaufen kann. Beim Gießen braucht man Fingerspitzengefühl, um den Boden gut zu durchfeuchten, ohne die Nährstoffe auszuschwemmen. Wie schon gesagt, gieße ich die Gurken mit warmem Wasser.

Seitdem wir keine großen Mengen mehr brauchen, kaufe ich im Frühjahr zwei Setzlinge einer Salatgurkensorte, die kleinere Früchte hat als die üblichen Salatgurken. Sie wird auch „Vespergurke" genannt. Die Setzlinge sind auf Kürbis-Unterlagen aufgepfropft und dadurch stabiler und robuster.

Kürbis auspflanzen Ab Mitte April ziehe ich den HOKKAIDO-KÜRBIS in kleinen Töpfen vor. Erst nach den Eisheiligen kommt er nach draußen an einen warmen Platz, und zwar mit ein paar Hornspänen ins Pflanzloch. Beim Einpflanzen wird ein großzügiges Loch ausgehoben, in das mindestens ein halber Eimer selbst gemischte Blumenerde kommt (s. S. 42). Später wird mit Kräuterbrühe nachgedüngt. Der Kürbis rankt sich schnell am Gartenzaun oder am Geräteschuppen hoch und braucht noch etwa 4- bis 5-mal eine Düngung mit einem Gemisch aus Kompost, Lavagrus, Sand und Erde. Von der anderen Seite ranken die Stangenbohnen um das kleine Häuschen, denn Bohnen und Kürbis sind eine günstige Kombination.

Salate

Kräuter vorziehen

PETERSILIE gedeiht selbst im Paradiesgarten nicht jedes Jahr, da sie sehr empfindlich gegen Nematoden im Boden ist und auch von grauen Wurzelläusen befallen wird. Im Frühjahr und im Spätsommer säe ich sie daher in neue Erde im Topf aus. Gepflanzte Petersilie gedeiht nach meiner Erfahrung nicht so gut wie gesäte.

Für Petersilie im Freiland wähle ich auch kleine Eckchen zwischen Blumenstauden im Halbschatten, auch neben einer Rose. Auf jeden Fall tausche ich an dieser Stelle die Erde gegen ganz frische Erde aus.

Beim BASILIKUM muss man beachten, dass er ein Lichtkeimer ist: Die Samen dürfen im Topf nicht unter der Erde liegen, ich drücke sie nur sanft an und bedecke sie ganz leicht mit Sand. Außerdem brauchen die

Samen Wärme zum Keimen. Die kleinen „Gewächshäuser" aus alten Salatboxen (s. S. 53) sind hier ideal. Beim Gärtner bekommt man etwa 10 Triebe in einem Topf, aber bei mir kommen nur 5 Samenkörner in jeden Topf: Die Pflanzen machen sich dann untereinander weniger Konkurrenz und wachsen besser nach, wenn man einige Blätter geerntet hat. Wichtig ist es außerdem, nur bis zur nächsten Blattachsel zu ernten. Hier sitzen die Knospen, aus denen das Basilikum nachtreiben kann.

Frühbeete Die Frühbeete sind im Paradiesgarten die üblichen Kästen mit schräger Abdeckung aus Glas. Hier werden vor allem frühe Salate gezogen. Wichtig ist dabei, die Kästen tagsüber ab etwa 10 Uhr zu öffnen und abends wieder zu schließen, damit sich nicht zu viel Wärme und Feuchtigkeit in ihnen staut.

Aussaat ins Freiland

Zuerst einmal heißt es im Paradiesgarten: „Alles darf kommen.": Ich beobachte die jungen Triebe und freue mich über die Pflänzchen, die sich selbst ausgesät haben, weil sie oft besonders robust sind: Der Platz, den sich die Pflanzen selbst aussuchen, passt zu ihnen, sie stehen dort gut. Von alleine keimen im Frühjahr im Paradiesgarten: Vergissmeinnicht, Cosmea, Etagen-Verbene, Mohn, Samen-Fenchel, Calendula, Löwenmäulchen und die verzweigte Sonnenblume. Zu den ersten Blüten im Jahr gehören Schneeglöckchen und Veilchen, zusammen mit Lungenkraut, Immergrün, Salomonsiegel, Bärlauch im Schattengarten am Haus (s. S. 91).

Frühbeete

Natürlich gibt es auch Kräuter, die im Garten unerwünscht sind oder an einer bestimmten Stelle gar nicht passen. Das meiste davon landet auf dem Kompost, doch Samen und Wurzeln von sehr ausdauernden Beikräutern wie Giersch oder Winde kommen dort nicht hinein. Bei der Auswahl und Beurteilung, was bleiben darf und was weg muss, helfen ein geübter Blick und Erfahrung, außerdem natürlich Ausdauer und Geduld, wenn man jeden Tag in den Garten geht und die Pflanzen beobachtet. Zwei schöne und ausdauernd blühende Blumen werden direkt ins Freiland gesät, da sie nicht heikel sind und gerne keimen: Die Spinnenblume und die Cosmea. Die COSMEA *(Cosmea bipinnata)* ist die bekanntere

Neugier

Im Garten kann man ruhig einfach etwas ausprobieren: Der Einsatz ist meist denkbar gering, vieles bringen Wind oder Vögel gratis in den Garten, Samen oder Ableger bekommt man von Nachbarn, Freunden oder auf Tauschbörsen, und auch ein Samentütchen kostet im Laden nicht viel. Wer täglich durch seinen Garten geht, kann die Spannung genießen, wenn etwas Neues aufkeimt, ohne dass er böse Überraschungen fürchten muss. Was nicht passt, kommt auf den Kompost und dient so den anderen Pflanzen wieder als Nahrung.

Ein solcher Versuch war bei mir zum Beispiel das Jelängerjelieber (Lonicera caprifolium), das aber keine Blüten trieb. Also kam es wieder raus aus dem Garten.

Mein nächster Versuch werden Traubenkiwis (Actinidia arguta) sein, zwei weibliche und zwei männliche, die den Wassertank zuranken sollen. Ich bin jetzt schon gespannt auf die Ergebnisse.

von beiden, auf ihren hohen Stängeln wiegen sich die großen Blüten über Gemüse oder kleineren Pflanzen.

Die SPINNENBLUME (*Tarenaya hassleriana*) wird etwa genauso hoch wie die Cosmea und ähnelt mit ihren handförmigen, zart gezackten Blättern ein wenig dem Hanf. Bis weit in den Herbst hinein trägt sie viele rosafarbene Blüten. Spinnenblumen brauchen viele Nährstoffe, daher bekommen ihre jungen Pflanzen gelegentlich einen Kräuterguss.

Auch die WICKEN (*Vicia*) haben kräftige Samen, die nun direkt in den warmen Boden kommen. Diese lege ich einen Tag lang in lauwarmes Wasser mit ein paar Tropfen Aktivator, ehe sie in die Erde kommen, ähnlich wie Bohnen und Zwiebeln. Die harte Außenhaut des Samens quillt dann auf und wird weicher, der Keim kommt schneller durch, und die Frucht liegt nicht so lange in der Erde, dass sie faulen kann. Die Wicken haben eine so dicke Haut, dass ich sie sogar mit Schmirgelpapier in der Hand herumrolle, um es dem Keim etwas leichter zu machen.

Die KAPUZINERKRESSE sät sich zum Teil selbst aus, da sie mir aber besonders wichtig ist, säe ich sie auch aus: Ich werfe die Samen einfach nach dem Zufallsprinzip über den Garten, und zwar schon kurz vor den Eisheiligen. In Lücken im Garten säe ich im April STROHBLUMEN (*Helichrysum*), die dann im Sommer blühen.

Neue Blumen kommen oft durch Tausch der Pflänzchen oder der Samen von anderen Gartenmenschen in den Garten. Manche Samen treibt vielleicht der Wind in den Garten, oder ein Vogel hat ihn mitgebracht. Auch hier gilt: „Alles kann kommen" – ich bin immer noch neugierig auf alles, was sich im Garten entwickeln kann. Wenn etwas stört, dient es einfach als Nahrung für den Kompost.

Aber für manches, was anderswo als Unkraut verschrien ist, findet sich ein hübscher Platz, an dem es gut zur Geltung kommt: Etwa das ZIMBELKRAUT (*Cymbalaria muralis*), das kleine Ritzen und Mauerecken schmückt, aber auch das RUPRECHTSKRAUT (*Geranium robertianum*) mit seinen zarten, dunkelrosa Blüten, das noch die letzten Winkel nutzt.

Bohnen ins Freiland im Mai

Bohnen kommen ebenfalls nach einem Bad in lauwarmem Wasser und Aktivator ins Freiland, und zwar in Horsten von 5 Bohnen. Allerdings versuche ich auch, Bohnen vorzuziehen, und zwar in den Samenpaletten, die bei den Gärtnereien übrig sind, eine Feuerbohne pro Fach. Diese vorgezogenen Bohnen kommen auch im Mai ins Freiland, auch wenn sie nicht jedes Jahr anschlagen, es ist einfach ein Versuch.

Die Buschbohnen, die in Horsten zu 5 direkt ins Freiland kommen, wollen, wie eine alte Bauernregel sagt, „die Glocken läuten hören": Das heißt, dass man sie nur dünn mit Erde bedecken soll. Zwischen den Horsten liegen jeweils etwa 20 cm. Auch Buschbohnen quellen vor der Aussaat einen Tag lang in lauwarmem Regenwasser. Nach der Aussaat werden sie mit ein wenig verdünntem Aktivator angegossen. Bis die Bohnen durchbrechen, sollte man das Beet ständig feucht halten.

Kräuter im Frühling

Der Frühling ist die beste Zeit, um noch andere Wildkräuter für den Wildsalat zu sammeln. Gerne pflanze ich sie an Stellen im Garten an, wo sie nicht stören und in jedem Frühjahr neu austreiben: Bärlauch, Brennnessel, Löwenzahn, Gänseblümchen (mehr Inhaltsstoffe als die Blüten haben die Blätter der Blattrosette am Boden), Schafgarbe (nur die ganz jungen, zarten Blätter), im Halbschatten: Scharbockskraut, Braunelle, Gundermann und Lungenkraut. Sie sind eine gesunde Beigabe zu Wildsalaten oder sogar Smoothies.

Die GÄNSEBLÜMCHEN (*Bellis perennis*) wachsen mit wilden Blüten und Blattrosetten zwischen den Stiefmütterchen, sind reich an Saponinen, Flavonoiden und regen den Stoffwechsel an.

Beinwell Die frühe, niedrige, gelb blühende Art (*Symphytum tuberosum, Knoten-Beinwell*) ist die erste Hummelnahrung im Frühling. Beinwell wirkt entzündungshemmend, abschwellend und fördert die Wundheilung.

Bärlauch Im Schattengarten kommt im zeitigen Frühjahr mit unzähligen Blättern und später mit weißer Blüte der Bärlauch (*Allium ursinum*). Von März bis Mai bereichert er unseren Speiseplan als Beigabe zum Salat, Quark und Joghurt, aber auch auf dem Butterbrot schmeckt er gut. Für die Darmflora ist er eine wahre Wohltat.

Spitzwegerich Auch der Spitzwegerich (*Plantago lanceolata*) wächst wild auf der Wiese und im Paradiesgarten. Ich sammle ihn das ganze

Rote Melde

Knoten-Beinwell

Jahr über und nehme ihn als Tee bei Erkältungen, frisch oder getrocknet. Er hilft frisch bei Insektenstichen (s. S. 69). Die frischen Blätter
enthalten Schleimstoffe, Gerbstoffe, Kieselsäure und das Glycosid Acu-
bin, das antibiotisch und reizlindernd wirkt. Im Frühjahr nehme ich
deshalb junge Blätter mit in den Blatt-Salat. Die Schleimstoffe des
Spitzwegerichs lindern den Hustenreiz, darum nehme ich bei Erkältungen gern Spitzwegerich-Honig.

Scharbockskraut Das Scharbockskraut (*Ficaria verna*) wächst bei uns
unter der Hainbuchenhecke. Wenn die Natur im Frühjahr erwacht, ist
es eine der ersten Pflanzen, die hervorschauen. Die gelben Sterne brei-
ten sich in kurzer Zeit dort aus. Dieser Frühblüher lockt zusammen mit
den Winterlingen, Veilchen und Krokussen die ersten Insekten an. Die
glänzenden Blätter enthalten sehr viel Vitamin C, wenn man sie noch
vor der Blüte erntet, und eignen sich gut für den Frühlings-Wildsalat
mit Löwenzahn, Brennnessel und Wegerichblättern (s. S. 36).

Gundermann Der Gundermann, auch Gundelrebe genannt (*Glecho-
ma hederacea*), wächst kriechend im Schattengarten, sichtbar werden
nur seine kleinen blauen Blüten. Für den Frühjahrssalat ist er bei uns
ein willkommenes Wild- und Heilkraut. Er wirkt wohltuend für Magen
und Darm, Leber und die Atmungsorgane.
Da er recht streng schmeckt, nehmen wir nur wenig für den Salat. Als
Nascherei kann man die Blätter in heiße Kuvertüre tauchen. Danach am
Stiel kurz in kaltes Wasser halten.

Vogelmiere Die Vogelmiere (*Stellaria media*) schmeckt mild, ihre Inhaltsstoffe (Vitamine, Flavonoide, Mineralstoffe und andere) sind für
die Ernährung sehr wertvoll. Sie wächst auf mit Kompost gedüngtem
Boden. Die Vogelmiere deckt die Erde im Winter als Schutzhülle ab. Im
großen Topf am Haus ist das Kraut stets schnittbereit.

Weiße Taubnessel Die Weiße Taubnessel (*Lamium album*) rankt sich
mit hübschen Blättern am Boden entlang. Sie wächst bei uns zusammen
mit Veilchen und Scharbockskraut unter der Hainbuchenhecke. Die
Taubnessel blüht von April bis Oktober. Im Frühjahr sind ihre kleinen
weißen Blütenkerzen eine Wohltat für Mensch und Insekten, vor allem

Bärlauch-Pizza

TEIG
200 g Mehl
10 g frische Hefe
7 EL lauwarme Milch
4 EL Öl
1 Eigelb
½ TL Salz

BELAG
100 g Bärlauchblätter
4 Eier
200 ml Saure Sahne
50 g geriebener Käse
1 Msp Kümmel
Salz, Pfeffer

1. Die Zutaten für den Teig verkneten und in einer abgedeckten Schüssel im Backofen bei 40 Grad etwa eine halbe Stunde gehen lassen. 2. Den Teig etwa einen halben Zentimeter dick ausrollen und auf ein gefettetes Backblech legen. 3. Die Bärlauchblätter waschen und in 1 Zentimeter breite Streifen schneiden, dann kurz in der Pfanne mit etwas Fett andünsten. Eier verquirlen, Bärlauch, Saure Sahne, Käse und Gewürze darunterrühren. Den Belag auf dem Teigboden verstreichen und bei 200°C etwa 30–40 Minuten backen.
Im Sommer schmeckt die Pizza auch mit jungen Brennnesselblättern!

Bienen. Dieses Wildkraut ist mehrjährig und wird 30 bis 40 cm hoch. Zum Frühlingssalat kommen vor der Blüte die feinwürzigen Blätter und Triebe hinein. Die Blüten ergeben eine süßlich schmeckende Deko.

Wilde Schlüsselblume
Wilde Schlüsselblumen (*Primula elatior*) kommen von der Wiese in den Garten. Eine gekaufte ECHTE SCHLÜSSELBLUME (*Primula veris*) ziehe ich im Topf, um daraus einen Tee gegen Erkältungen zu bereiten. Die Schlüsselblume wirkt nämlich schleimlösend bei festsitzendem Husten.

Schlüsselblume

Schwalbenschwanz-Schmetterlinge

Im April schlüpfen die Schwalbenschwanz-Schmetterlinge aus ihren Kokons. Ich habe die jungen Raupen im Herbst von meinen Fenchelpflanzen abgesammelt, um sie vor hungrigen Vögeln zu schützen, und sie in eine kleine, luftige Kiste (s. S. 136) gelegt, die ich regelmäßig mit frischem Fenchel und Dill versorgt habe. So konnte ich sehen, wie die Raupen heranwuchsen. Als sie groß genug waren, habe ich ihnen kleine Küchenspieße aus Holz in den Kasten gegeben, an denen sie hochgekrochen sind, um sich zu verpuppen. Den ganzen Winter stand der Kasten geschützt draußen auf meiner Terrasse, und nun bestaunen wir das wunderbare Naturschauspiel: Die Schmetterlinge schlüpfen ganz langsam aus ihren Kokons, die Flügel sind am Anfang noch feucht, so dass die Tiere mit ausgebreiteten Flügeln sitzen bleiben, um sie zu trocknen. Dann erst erheben sie sich in die Luft. Wer diesen Tieren helfen will, sollte Fenchel in seinen Garten säen!

Schwalbenschwanz

Blumen

Bei der Auswahl der Blumen versuche ich immer einmal wieder etwas Neues. Auswahlkriterien sind: Blüht die Pflanze lange? Bietet sie Nektar für Bienen und Schmetterlinge? Nehmen die Tiere sie an?
Darum müssen Krokusse unbedingt sein! Ihre Blüten sind etwa 2 bis 3 Grad wärmer als ihre Umgebung. Das brauchen die Bienen, um sich darin aufzuwärmen und Nahrung zu finden. Die WEISSE und GELBE TAUBNESSEL habe ich im Garten, weil sie mit zu den ersten Blüten gehören, die den Bienen viel Nektar bieten. Der BEINWELL wird besonders von den Hummeln gern besucht.
Schon im FEBRUAR blühen im Garten die LENZROSEN (*Helleborus orientalis*). Ich ziehe sie den Christrosen vor, weil sie einfacher zu haben und nicht so teuer sind. Die Lenzrosen sind auch in der Vase hübsch. Weil Christ- und Lenzrosen kalkhaltige Böden lieben, gebe ich von Zeit zu Zeit eine Eierschale mit etwas Wasser in den Mixer und gieße die Pflanzen mit dem Wasser. Das SCHARBOCKSKRAUT blüht mit kleinen gelben Blütensternen unter der Hecke. Die Pflanze bedeckt den Boden und schützt ihn. Im Frühjahr bedeckt erst einmal ein zarter, niedriger Flor die Erde: Im Paradiesgarten beginnt es mit einem blauen Teppich aus VERGISSMEIN-

Frühling

Im April und Mai bedecken Vergissmeinnicht und Schlüsselblumen den Garten.

NICHT (*Myosotis*), die sich selbst ausgesät haben. Zur gleichen Zeit blühen auch die Wildkräuter HABICHTSKRAUT (*Hieracium*) und BUSCHWINDRÖSCHEN (*Anemone nemorosa*). Wenn die Vergissmeinnicht schließlich abgeblüht sind, gebe ich die Pflanzen mitsamt ihren Samenständen zum Häckseln, so dass sich die Samen mit dem Häckselmaterial wieder gleichmäßig über den Garten verteilen. Nun habe ich wieder Platz für Gemüse. Auf den blauen Flor folgt der weiße aus kleinen, wilden NARZISSEN und darauf der gelbe aus OSTERGLOCKEN (*Narcissus pseudonarcissus*). Dann beginnt die bunte Zeit im Garten mit TULPEN und Stauden. Das Grün von Tulpen und Narzissen lasse ich stehen, bis es sich von selbst einzieht, denn die Blätter ernähren die Blumenzwiebel. Eventuell flechte ich die länglichen Blätter zu einem Zopf, den ich unter den benachbarten Stauden verstecke, wenn die Blätter unansehnlich werden. Intensiv violett blüht schon sehr früh das SILBERBLATT (*Lunaria annua*), das den Garten im Herbst noch einmal mit seinen durchscheinend silbernen Fruchtständen schmückt.

Auch GÄNSEBLÜMCHEN gibt es im Paradiesgarten, wie wohl in jedem Garten, von selbst. Sie wachsen besonders gern zwischen den Trittplatten: Hier kommt ihnen ihre Ausdauer zugute: Gänseblümchen sind trittfest, auch der Rasenmäher auf der Wiese macht ihnen nichts aus, sie bilden schnell wieder neue Blüten. Ich nehme die Gänseblümchen in den Salat und freue mich auch, dass sie den Bienen Nektar bieten.

Bartfaden

Zinnie

Blumen im Mai

Innerhalb der Beete dürfen Zinnien, Skabiosen, Witwenblumen (*Knautia arvensis*) und Vexiernelken wachsen.

Bartfaden Beim Bartfaden (*Penstemon*), der aus Nordamerika stammt, war ich erst nicht sicher, ob die Pflanze winterfest ist. Ich habe es einfach ausprobiert und freue mich nun schon lange über dieses außergewöhnlich schöne und robuste Gewächs in unserem Garten. Der Bartfaden war übrigens im 19. Jahrhundert schon einmal modern und passt daher sehr gut in einen Garten im Bauerngarten-Stil.

Clematis Die Clematis hat beim Einpflanzen eine Besonderheit: Ich pflanze sie 7 bis 10 cm tiefer, so dass etwa zwei Knospenpaare unter der

Erde bleiben. So ist der Wurzelballen vor Frost geschützt, und später können die „Augen" noch austreiben. Clematis haben gern den Kopf in der Sonne und den Fuß im Schatten. Den Wurzelbereich beschatte ich darum mit Pflanzen, zum Beispiel mit einer niedrigen Taglilie oder einer Funkie, die auch im Winter ihr Laub schützend über den Wurzelstock legen. Großblumige Clematis-Sorten schneide ich im Januar bis Februar leicht zurück. Alle vier Jahre gibt es einen starken Rückschnitt im Winter, damit die Pflanze nicht von unten her verkahlt. Alle im Sommer blühenden Sorten und die Wildarten wie *Clematis Jackmanii* werden jährlich zwischen Dezember und Januar bis auf die stärksten Augenpaare zurückgeschnitten, etwa 30 cm über dem Erdboden.

Elfenblume Die Elfenblume (*Epimedium*) ist ein Frühjahrsblüher mit vier bis fünf zarten Blüten pro Pflanze, die zauberhaft grazil wirken. Danach schmückt sie den Schattengarten mit hübschem Laub auf etwa 30 cm kurzen Stängeln. Das Laub bekommt auch eine hübsche Herbstfärbung. Die Elfenblume bildet breite Rhizome und hat es im Sommer gerne schattig. Sie ist daher ein idealer Bodendecker unter Gehölzen.

Johanniskraut-Strauch Johanniskraut (*Hypericum*) habe ich im Garten als Kraut und als Staude, nämlich als Zierstrauch mit gelben, rosa und roten Beeren. Im Frühjahr schneide ich ihn zurück. Die einzelnen Neuaustriebe kappe ich dann noch einmal, wenn sie etwa 30 cm Höhe erreicht haben. Dadurch verlängert sich die Blüte und Fruchtbildung.

Marienglockenblume Meine liebste Glockenblume ist die Marienglockenblume (*Campanula medium*). Sie blüht nicht sehr lange, treibt aber wieder aus, wenn man sie nach der ersten Blüte zurückschneidet. Die Marien-Glockenblume ist zweijährig, das heißt, sie bildet im ersten Jahr nur eine Blattrosette am Boden und blüht erst im zweiten Jahr. Solche zweijährigen Blumen säe ich im Sommer aus (s. S. 71).

Ochsenzunge Die Ochsenzunge (*Anchusa*) habe ich von einer Gartenausstellung mitgebracht, wo mich ihre tiefblaue Farbe bezaubert hat. Die Staude ist mit dem Borretsch verwandt, also ein Raublattgewächs. Im ersten Jahr entwickelt sich nur eine Rosette knapp über dem Boden, erst im zweiten Jahr wächst die Blume mit Blüten empor. Die Pflanze

Frühsommer

Bart-Iris und Taglilie
leuchten im Mai und Juni
in den Beeten.

vermehrt sich über Ausläufer, die aus der Rosette kommen. Die Ausläufer sollte man regelmäßig entfernen, denn sie nehmen der Mutterpflanze zu viel Kraft weg. Ich nehme immer wieder kleine Mengen der Pflanze mit in meinen Salat, auch als hübsche Dekoration. Ich rate aber dringend dazu, keine größeren Mengen davon zu essen, auch nicht vom Beinwell.

Taglilien Taglilien (*Hemerocalis*) sind wunderbar pflegeleichte Stauden. Sie lieben volle Sonne, lockeren Gartenboden und im April eine Düngung mit Komposterde. Von Juni bis Juli blühen sie, dann breche ich Verblühtes aus und schneide die Stiele ab. Das Laub lasse ich als Schutz für die Wurzeln über den Winter stehen, erst vor dem Neuaustrieb im Februar schneide ich es ab. Im Herbst lassen sich die Pflanzen gut durch Teilung vermehren. Die Blüten sind essbar und machen sich hübsch als Dekoration auf dem Salat oder der Käseplatte.

Blumen mit Wurzelsperre

Ich suche immer nach Pflanzen, die zwar einerseits nicht zu empfindlich sind, andererseits aber auch nicht dazu neigen, ihre Nachbarn zu überwuchern. Die Pfefferminze halte ich im Zaum, indem ich sie im Herbst mit dem Spaten rundherum absteche. Bei anderen Blumen setze ich eine Wurzelsperre ein, zum Beispiel beim Schneefelberich. Diese hübsche Staude mit weißen Blütenkerzen breitet sich über wuchernde Wurzeln aus. Man kann sie wie Pfefferminze oder Knollenziest in einen Kübel setzen, in dessen Boden man mit der Bohrmaschine viele Löcher gebohrt hat. Für größere Pflanzen eignet sich auch die Trommel einer ausgedienten Waschmaschine: Hier werden die Löcher gleich mitgeliefert.

Beikräuter entfernen

Immer wieder fragen natürlich die Besucher bei den Gartentagen nach Unkraut im Garten. Meine erste Antwort lautet: „Ich habe fast keins" – doch diese Antwort hat zwei Seiten: Zum einen gibt es für ein echtes Gärtnerherz kein „Unkraut", sondern nur Beikräuter, die alle ihre Aufgabe und ihren Wert in der Natur haben. Zum anderen spaziere ich jeden Tag, auch bei Wind und Wetter, mit Genuss durch den Garten, meist auch mehrmals, und die zwei oder drei kleinen Pflänzchen, die ich dabei vielleicht entferne, weil sie andere Kräuter einengen, erscheinen mir nicht als beschwerliches Unkraut-Jäten.

Brennnessel Zu den Beikräutern, die im Paradies-Garten willkommen sind, gehört etwa die BRENNNESSEL: Sie hat einen Platz im Kräuterbeet, weil sie ins Gomasio (s. S. 102) und in den Salat kommt, die Samen streue ich einfach so über den Salat. Außerdem bereite ich sie junge Blätter wie Spinat zu oder zusammen mit Sauerampfer als Suppe. Manchmal brate ich die Blätter auch einfach leicht in Butter an, und den Tee trinke ich bei rheumatischen Beschwerden. Sie enthalten Eisen, Kalzium, Vitamin A und C, Mineralsalze und Spurenelemente. Außerdem nehme ich Brennnesseln in großen Mengen zusammen mit Beinwell für meine Jauche.

Wichtig ist mir die Pflanze aber auch, weil auf ihr die Tagpfauenaugen ihre Eier ablegen. Um die Pflanze am Wuchern zu hindern, wird sie jedoch regelmäßig rundum mit dem Spaten abgestochen. Doch da ich sie sehr vielseitig verwende, wächst sie mir niemals über den Kopf.

Tagpfauenauge

Den GIERSCH schätze ich zwar als gesunden Salat, ziehe ihn jedoch draußen im Topf, weil ich die Wurzeln nicht überall im Garten haben will. Insgesamt liebt der Giersch jedoch ebenso wie der Schachtelhalm festen, lehmigen Boden und siedelt sich deshalb nicht so leicht im Paradies-Garten an. GRASBÜSCHEL ziehe ich mit den Wurzeln aus der Erde. ACKERWINDEN nehmen den anderen Pflanzen zu viel Luft und Kraft. Die Wurzeln dieser Winde verfolge ich mit dem Unkrautstecher möglichst weit unter die Erde, denn aus jedem Stückchen Wurzel kann wieder eine neue Winde entstehen.

Der HAHNENFUSS wird wie die Ackerwinde von Fall zu Fall mit der Wurzel ausgemacht, wo ich ihn finde, und kommen dann nicht auf den Kompost, damit sie dort nicht Samen und Wurzeln verbreiten können. Löwenzahn wird mitsamt der Wurzel ausgestochen. Ich lasse den Löwenzahn im Garten nicht zur Blüte kommen, damit er sich nicht als Pusteblume aussamen kann. Ich schätze aber im Frühjahr die Blüten auf der benachbarten Wiese und esse dann mindestens drei Blüten und Stängel am Tag, weil die enthaltenen Bitterstoffe die Leber in Schwung bringen.

Löwenzahn Für den LÖWENZAHN gilt: Was bitter dem Mund, ist dem Magen und der Leber gesund.

So lernte ich mit der Pflanze in Freundschaft zu treten. Ich habe sie im Kräuterbeet in Töpfe gepflanzt und ihr so einen Platz gegeben.

Für den Salat nehme ich junge Blätter für eine Entschlackungskur im Frühjahr. Sie haben harntreibende Wirkung. Die Blätter sind reich an Kalzium, Karotin, Vitamin C, Vitamin B1, B2 und E, Mineralstoffen, Gerbstoffen, Inulin. Die Bitterstoffe stimulieren Leber, Galle und Bauchspeicheldrüse. Die Wurzel kann man roh und gekocht essen, sie wird im Herbst geerntet. Ich reibe sie zum Beispiel in kleinen Mengen in den Salat. Die Knospen brate ich in Butter an, die Blüte nehme ich zum Verzieren von Gerichten. Für einen Tee pro Tasse zwei Teelöffel getrocknete Blätter mit kochendem Wasser übergießen.

BRAUNELLE und GÜNSEL bleiben stehen, weil sie hübsch aussehen und den Boden abdecken. Diese Beikräuter brauchen wenig Aufmerksamkeit im Garten, weil man ihre Wurzeln recht einfach entfernen kann und ihnen nicht tief in die Erde nachgraben muss.

Die Braunelle (*Prunella*) wächst unscheinbar, dicht am Boden und ist ein altes Wundheilmittel, als Gurgellösung bei Halsschmerzen und Zahnfleischbluten. Sie kam freiwillig in den Garten und soll dort bleiben, bescheiden und kaum beachtet.

Löwenzahnhonig

1 Glas flüssiger Honig
1 Handvoll Löwenzahn-Blüten
Fichtenspitzen
Blüten von Weißer Taubnessel

Die Zutaten zusammen in einem Topf auf 50°C erwärmen, abgedeckt abkühlen und 3 bis 4 Tage ziehen lassen. Abseihen und in Gläser füllen.

Sommergarten

Dahlien, Phlox, Nicandra, Rosen, Etagenverbene und Sonnenblumen leuchten um die Wette.

Sommer

Der Sommeranfang fällt in den Juni. Die Frühblüher sind jetzt meist abgeblüht. Auch Tulpen und Narzissen verlieren nun ihre Blätter, und man kann sie leicht absammeln. So gibt es Platz für die Sommerblumen, die meist schon Knospen ansetzen. Nun heißt es hohe Stauden anbinden.

Blumen Halt geben

Wenn Blumen in die Höhe schießen, brauchen sie einen Halt, ebenso natürlich Rankgewächse wie Wicken: Ich achte darauf, dass die Gruppen etwa von Rittersporn nicht zu umfangreich werden, so dass sie sich immer noch gut aufrecht halten lassen. Um die Pflanzen setze ich drei Pfähle, etwa abgebrochene Bohnenstangen, und ziehe darum auf Kniehöhe eine Schnur. Wenn die Pflanzen weiter wachsen, folgt eine zweite Schnur weiter oben. Geschlossen wird das ganze nur mit einer Schleife, die sich im Herbst leicht wieder lösen lässt. Dann kommen die Schnüre auf einen Haken an der Wand, und die Pfähle bleiben draußen im Boden. Um eine Schnur zu erhalten, die elastisch ist und die Pflanzen nicht einengt, nehme ich Wollreste und verzwirne drei Fäden miteinander. Am schnellsten geht das mit dem elektrischen Küchenquirl: Wenn man drei Wollfäden am Knethaken befestigt und auf niedriger Stufe dreht, erhält man im Nu eine hübsche, nachgiebige Schnur.

Für Wicken und andere Rankepflanzen bilden junge Weidenruten die Stützen, die sehen hübsch natürlich aus und sind fast überall zu finden. Nur sollte man daran denken, die Ruten im Herbst wieder aus dem Boden zu ziehen, denn sonst schlagen sie Wurzeln.

Kleine Blessuren und Insektenstiche

Ohne Stiche und Kratzer geht die Gartenarbeit gerade im Sommer nicht ab. Zum Glück wächst ein Heilmittel dafür direkt im Garten: Man pflückt die Blätter des Spitzwegerichs, zerkaut sie kurz und legt sie auf die schmerzende Stelle. Anstatt sie zu zerkauen, kann man die Blätter auch in der Hand zerquetschen, bis der Saft austritt.

Weidenruten stützen die Wicken

Gießen

Obwohl ich mehrere große Regentonnen habe, achte ich darauf, nicht zu oft zu gießen: Zwar muss man die Pflanzen anfangs gut angießen und das auch 3 bis 4 Tage lang wiederholen, danach aber führt zu häufiges Gießen nur dazu, dass die Pflanze nicht genug Wurzeln ausbildet: Wenn sie ihr Wurzelgeflecht verfeinert, um die Feuchtigkeit in der Erde gut auszunutzen, und auch tiefer wurzelt, erschließt sie sich dabei neue Quellen für weitere Nährstoffe aus dem Boden. Die fest verwurzelten Stauden kippen auch nicht so leicht um, und der Boden wird nicht durch zu häufige Wassergüsse ausgelaugt. Dazu mulche ich regelmäßig, und der Häcksel in dieser Schicht enthält auch noch Feuchtigkeit und schützt den Boden vor dem Austrocknen.

Gurken und Tomaten gieße ich mit lauwarmem und nicht mit kaltem Wasser: Die Früchte könnten davon bitter oder sauer werden.

Die Alten Griechen sprachen vom „Kairos", dem richtigen Moment, den jedes Ding im Leben hat. Auch bei den Pflanzen muss man ein Gespür für diesen richtigen Moment entwickeln, in dem sie gepflanzt, gegossen oder gedüngt werden wollen.

Gemüse im Sommer

Frühbeet im Juni

Im Sommer stehen Pflegearbeiten an Erdbeeren, Frühkartoffeln und Frühgemüse an. Ich muss junge Pflanzen gießen und die Tomaten regelmäßig ausgeizen. Die Geiztriebe lege ich über die Kohlpflanzen, um die Kohlweißlinge zu verwirren. Sie können sich dann nicht am typischen Kohlgeruch orientieren und legen ihre Eier nicht in den Kohl. Bis zum 10. Juni sollten sämtliche Spätgemüse ausgepflanzt werden, also alle Kohlsorten, auch der Rosenkohl. In Mischkultur werden immer wieder neu gesät: Salat, Spinat, Kohlrabi, Radieschen, Buschbohnen und Brokkoli.

Im Juni säe ich noch einmal eine Reihe Rote Bete und Dill. Dill gehört zu den Futterpflanzen, die der Schwalbenschwanz-Schmetterling zur Eiablage bevorzugt. Er ist ein Doldenblütler.

Im Juli säe ich den Zuckerhutsalat (s. S. 28) in einer Reihe aus, und zwar dort, wo vorher Buschbohnen standen. Nach dem Aufgehen vereinzele ich die kleinen Pflanzen auf 10 bis 15 cm. So erhalte ich feste, geschlossene Köpfe.

Säen und Pflanzen

Säen in Juli

Buschbohnen, Chinakohl, Kohlrabi, Möhren, Radieschen, Eissalat, Kopfsalat, Pflück- und Schnittsalat, Romana-Salat, Salatrauke, Zuckerhutsalat, Dill, zweijährige Blumen

Pflanzen in Juli

Blumenkohl, Endivien, Grünkohl, Kohlrabi, Sommersalate, Wirsing,

Säen im August

Feldsalat, Kohlrabi, Radieschen, Rauke, Schnittsalat, Spinat (Herbsternte), Winterrettich

Pflanzen im August

Blumenkohl, Brokkoli, Endivie, Salate, Winterlauch, Erdbeeren, Kaiserkrone, Pfingstrose, zweijährige Blumen,

Wenn der Blumen-
kohl seine Blüte
bildet, schlage
ich die seitlichen
Blätter darüber.
So bleibt die
Blüte schön weiß.

Zweijährige Pflanzen aussäen

Die meisten zweijährigen Pflanzen bilden im ersten Jahr nur eine Blattrosette am Boden, aus der im zweiten Jahr der Stängel mit der Blüte hervorwächst. Vorziehen heißt in diesem Fall, die Samen im Juni im Frühbeet vorzuziehen (hier ist jetzt wieder Platz). Achtung: nicht austrocknen lassen! Im Herbst werden die Pflanzen nach draußen ins Beet gesetzt. Im nächsten Jahr bildet die Rosette dann einen Stiel und von Mai bis Juli wunderbare Blüten.

Zweijährige Blumen sind zum Beispiel Stiefmütterchen, Bellis, Bartnelke, Ochsenzunge, Stockrose, Fingerhut, Königskerze und meine geliebte Marienglockenblume.

Bartnelke

Erste Ernten: Erdbeeren und Frühkartoffeln

Um die Erdbeeren lasse ich die Mulchdecke aus Stroh während der gesamten Erntezeit liegen. So bleiben die Früchte trocken, gesund und sauber. Einzelne gut tragende Mutterpflanzen markiere ich schon bei der Ernte mit Stöckchen. Von diesen wähle ich später zur Vermehrung die kräftigsten Ausläufer, die anderen entferne ich. Die ausgewählten Ausläufer setze ich an Ort und Stelle in versenkte, gefüllte Blumentöpfe, ohne die Ranke abzuschneiden. So brauche ich später nur noch die „Nabelschnur" zu durchtrennen, sobald die Wurzeln gut entwickelt sind. Alle anderen Ranken sollte man regelmäßig entfernen, damit sie die Mutterpflanze nicht zu viel Kraft kosten.

Neue Erdbeerpflanzen sollen möglichst im Juli gepflanzt werden, denn sie setzen im Herbst die Anlagen für Blüten und Verzweigungen fürs nächste Jahr an. So hat man im folgenden Frühsommer mehr Früchte. Wenn eine Pflanze dagegen im folgenden Jahr schon im August Blütenstiele bildet, sollte man die entfernen. Sie nehmen der Pflanze Kraft und reifen nicht mehr aus.

Die ersten Frühkartoffeln können geerntet werden. Welch ein Fest und welch ein Genuss! Nach erfolgreicher Ernte gibt es das Kartoffelfest:

> Wenn auf dem Teller vor uns, dampfend heiß,
> die Frühkartoffel ruht, so zart und mehlig,
> im Petersilienschmuck ihr Alabasterweiß,
> da lacht das Herz, der Mund spricht Lob und Preis,
> der Bauch hat ausgeknurrt und lächelt selig.
>
> Wie herrlich, wenn sie uns entgegenrollt,
> frisch aus der braunen warmen Erdenscholle.
> Sie ist uns mehr als blankes pures Gold.
> Es sei ihr unser Gruß und Dank gezollt,
> der lehmbeklebten Frühkartoffelknolle.
> Fred Endrikat

Kartoffeln und Erdbeeren

Gemüse und Früchte

Bohnen Ich probiere immer mal eine neue Bohnensorte aus, daneben bleibe ich aber den Feuerbohnen treu. Ich habe eine alte, samenfeste Sorte, die ich immer wieder aussäe. Um sich die Bohnenstangen zu ersparen, säe ich oft fünf Bohnen rund um einen Zuckermais-Samen: Die Bohnen ranken dann an der Maispflanze empor. Am kleinen Gartenschuppen ranken sich die Bohnen an der Schattenseite hoch, auf der Sonnenseite wachsen Hokkaido-Kürbisse. Neben den Feuerbohnen sind dieses Jahr gerade türkische Bohnen aktuell.

Mangold Im Paradiesgarten gibt es verschiedene Mangoldsorten: Stielmangold, roten und orangen Mangold. Die verschiedenfarbigen Stiele leuchten bunt aus den Beeten.

Rote Melde Durch die Arbeit im Naturheilverein ist mir bewusst geworden, dass die Farbstoffe vieler Obst- und Gemüsesorten zugleich wichtige Heilwirkungen haben, etwa Carotine und Flavonoide. Darum habe ich bei meinen Wildsalatsorten auch die Rote Melde (*Atriplex hortensis var. rubra*), die ich ins Freiland aussäe. Die Rote Spinat-Melde ist ein altes Gemüse, das schon vor dem Spinat in Europa bekannt war. Sie ist ein Gänsefußgewächs und mag es sonnig. Ihre Blätter und Triebe essen wir als Gemüse oder geben sie in den Salat. Die hohen Blütenähren bilden rötlich-braune Samen, die sich im Garten leicht verbreiten. Die Melde bringt Farbe in den Gemüsegarten.

Feuerbohnen

Blumen im Sommer

Ich staune über die vielen rot-gelb-rosa Blütenköpfchen der Strohblumen, die ich in diesem Stadium pflücke und als Trockensträußchen kopfüber aufhänge.

Rote Melde

Sonnenblume Die Sonnenblume (*Helianthus annuus*) kommt, wo sie will, und wo sie nicht zu allzu sehr stört, darf sie wachsen. Ich bevorzuge die etwas kleinblütige, verzweigte Sorte, die mit ihrer gelb-braunen Blütenfarbe und ihrem raschen Wuchs unsere Herzen erwärmt. Bienen und Hummeln umschwärmen sie, und wenn ihre Samenkörner reif sind, erfreuen sich die Vögel daran. Um ihren starken Stängel herum lege ich fünf Bohnen von der Feurbohne. Das gibt ein fröhliches Um-die Wette-Wachsen und –Blühen.

Sommerflieder Der Sommerflieder (*Buddleia*) steht in voller Sonne bei der Terrasse. So können wir von Juni bis September das bunte Treiben von Schmetterlingen, Hummeln und Bienen beobachten, die sich an den lila-blauen Blüten mit Nektar volltanken. Abgeblühte Dolden werden entfernt. Erst im März schneide ich bis kurz über der Krone ab, bis auf etwa drei Augen pro Ast. Den Busch habe ich als Hochstamm gezogen, indem ich alle Seitenäste entfernt habe. Schräg zu diesem Stamm habe ich eine weiße Clematis gepflanzt, die sich daran hochwindet.

Sommerstauden

Seit Jahrhunderten haben sie neben Gemüsen und Kräutern ihren festen Platz: die Sommerstauden. Es sind mehrjährige, winterharte Pflanzen, deren ganze Kraft in den Wurzelballen steckt. Im Spätherbst sterben die oberirdischen Pflanzenteile ab. Alle paar Jahre werden die Stauden geteilt, verschenkt oder an anderen Stellen wieder neu eingepflanzt. Viele Stauden blühen ein zweites Mal, wenn man sie nach der Blüte auf etwa die Hälfte einkürzt, so zum Beispiel der Phlox, der Rittersporn oder die Goldrute.

Akanthus Der Akanthus heißt auch Wahrer Bärenklau, ist jedoch nicht mit dem giftigen Bärenklau *(Heracleum)* verwandt. Er ist ausgesprochen anspruchslos und pflegeleicht. Seine Blätter waren das Vorbild für die Ornamente der griechischen und mittelalterlichen Säulen. Im Garten zieht die weißliche Blütenkerze alle Blicke auf sich.

Berufkraut Stauden säen sich oft selbst aus, kommen immer wieder, wachsen und blühen – wenn ich sie lasse. Wenn aber einzelne Pflanzen versuchen, die anderen zu beherrschen, dann weise ich sie liebevoll in ihre Schranken. Dazu hat mir der Herrgott zwei ordnende Hände gegeben. Ein solcher Fall ist das Berufkraut *(Erigon annuus)*, aber auch die sehr ähnlich aussehende Feinstrahl-Aster *(Erigeron speciosus)*. Die gute Seite am Berufkraut ist, dass es so völlig pflegeleicht ist. Es blüht wie ein lichtblaues Gänseblümchen, jedoch auf etwa einem Meter hohen Stängeln, bis zum Frost. Allerdings ist es keine echte Staude, denn es ist ein- bis zweijährig.

Fetthenne Die Große Fetthenne *(Sedum)* wird bis zu 60 cm hoch. Wir kultivieren eine rote und eine weiße Sorte. Sie ist bei Bienen sehr beliebt. Die Fetthenne mag volle Sonne und sandige Gartenerde. Sie ist anspruchslos und pflegeleicht und blüht vom Spätsommer bis weit in den Herbst. Im Winter bleibt sie einfach stehen, denn ihr Samen ist ein gutes Vogelfutter. Geschnitten wird sie im zeitigen Frühjahr, und zwar

Sommerstauden

links oben: Der Garten im Frühsommer

rechts oben: Berufkraut

links unten: Rudbeckien

rechts unten: Akanthus inmitten von Sommerblumen

Sommerstauden

oben: Rittersporn
unten: Rosa leuchtet die
Fetthenne zwischen Spinnenblume und Johanniskraut.

bleibt die grüne Rosette am Boden stehen, und die braunen Stängel und Blätter werden abgeschnitten.

Verwandt mit der Großen Fetthenne ist der Mauerpfeffer (*Sedum acre*), der bei uns das Dach des Holzlagers begrünt.

Nachtkerze Die Nachtkerze (*Oenothera biennis*) bietet an Sommerabenden ein besonderes Erlebnis: Kurz vor der Dämmerung öffnet sich die Blüte, die dann die Nacht über gelb leuchtet. Am nächsten Tag fällt die Blüte ab.

Phlox

Phlox Zehn Jahre lang bleibt der Phlox an der gleichen Stelle und leuchtet als Flammenblume aus der Rabatte heraus. Allerdings müssen die hohen Stauden wie Phlox, Rittersporn, Goldrute usw. wie schon erwähnt zeitig gestützt werden.

Rittersporn Der Rittersporn (*Delphinium*) ist ein Hahnenfußgewächs. Er schenkt meinem Garten Blau in allen Tönen, und zwar bei der ersten Blüte im Juni bis Juli und dann noch einmal nach dem Rückschnitt. Er ist für mich die „Blaue Blume", die mich in ihren Bann zieht. „Sei schlau und pflanze blau", sagte Karl Foerster. Dieser berühmte Züchter bringt es auf den Punkt: „Die Herrlichkeit eines Sommermorgens im Garten kann ohne Rittersporn nicht ausgeschöpft werden."

Darum sammle ich nach der Blüte die Samen und schneide die Stängel nach der Blüte etwas über dem Knöchel ab. Beim Abschneiden sollte man den unteren Stängelteil abknicken, damit kein Regenwasser in den hohlen Stängel eindringt. Die zweite Blüte dauert dann bis weit in den Herbst hinein. Auch nach der zweiten Blüte im Spätherbst schneide ich nur so tief ab, dass ich die Stängel umknicken kann.

Rudbeckie

Der Rittersporn braucht volle Sonne und tiefgründigen, humosen Gartenboden mit vielen Nährstoffen. Daher gebe ich ihm zunächst Kräuterbrühe und dünge im Herbst mit Kompost. Die Pflanze kann Frost vertragen, die Samen brauchen ihn sogar zum Keimen, daher decke ich den Rittersporn nicht ab. Erst im Frühjahr bekommt er seine Kompost-Düngergabe und später auch einen Düngeguss mit meiner Kräuter-Jauche. Das hat er wahrlich verdient.

Da der Rittersporn bei Schnecken beliebt ist, lege ich rundum einzelne Bretter und sammele die Schnecken von der Unterseite regelmäßig ab.

Echinacea

Gelegentlich bekommt die Pflanze auch Mehltau, der verschwindet aber nach dem Rückschnitt im Herbst wieder.

Sonnenhut Sonnenhut heißen bei uns zwei Pflanzenarten, die Echinaceen, meist pink bis purpurfarben, und die Rudbeckien, gelb mit brauner Mitte. Die *Echinacea angustifolia* und *purpurea* fallen mit ihrer steifen Schönheit im Garten auf. Sie bilden einen bevorzugten Landeplatz von Bienen und Hummeln. Die Pflanze ist winterhart. Im Winter sieht der Fruchtstand aus wie ein Igelköpfchen, was der Pflanze auch zu ihrem botanischen Namen verholfen hat. Er bleibt im Paradiesgarten stehen und spendet den Vögeln seinen Samen.

Besondere Blumen im Sommer

Akeleiblättrige Wiesenraute Die Akeleiblättrige Wiesenraute (*Thalictrum aquilegiifolium*) ist eine hohe Staude, die im Frühsommer blüht. Sie ist beliebt bei Bienen, Käfern und anderen Insekten. Nicht nur die zarten Blüten, sondern auch die Blätter sind sehr dekorativ und ein hübscher Vasenschmuck. Im Garten liebt die Blume einen feuchten Standort im Halbschatten. Sie mag schwach sauren Boden mit vielen Nährstoffen, darum gebe ich ihr etwas Kompost. Nach der Blüte lasse ich die Samen ausreifen und bewahre sie im Winter einige Zeit im Kühlschrank auf, denn die Wiesenraute ist ein Frostkeimer.

Giftige Blumen

Im Paradiesgarten wachsen die prächtig pinkfarbenen Fingerhüte wie auch der leuchtend blaue Eisenhut. Beide Pflanzen sind sehr giftig, weshalb manche Leute zögern, sie in ihren Garten aufzunehmen. Ich habe jedoch bei meinen Kindern die Erfahrung gemacht, dass giftige Blütenpflanzen kaum ein Problem sind, im Gegensatz zu giftigen Beeren: Unsere Kinder fanden leuchtend rote oder schwarze Beeren appetitlich, aber auf die Idee, Blüten oder Blätter einfach so in den Mund zu stecken, kamen sie nicht – und das, obwohl ich unseren Salat regelmäßig mit kleingeschnittenen Blüten von Ringelbume und Borretsch verschönere.

Doch kann man die Wiesenraute auch durch Teilung vermehren, sie ist eine einheimische, winterharte Pflanze.

Knotige Braunwurz Die Knotige Braunwurz ist eine Waldpflanze, ein Biologe aus Stuttgart hat sie mir mitgebracht. Sie sieht zwar unscheinbar aus, ist aber wichtig für Insekten, zum Beispiel als Pollenquelle für Hummeln und andere kleine Hautflügler.

Braunwurz

Eisenhut Die wunderbaren blauen Kerzen des Eisenhuts (*Aconitum*) vertreten mir den Rittersporn an schattigen Stellen. Der Eisenhut sieht dem Rittersporn sehr ähnlich, ist ebenfalls pflegeleicht und blüht sehr ausdauernd bis in den Herbst. Er ist in allen Teilen sehr giftig, damit aber auch vor gefräßigen Tieren wie Schnecken sicher.

Garten-Inkalilie Ein schöner Neuzugang in unserem Garten ist die Garten-Inkalilie (*Alstroemeria*). Die Rhizome habe ich im April 20 bis 30 cm tief gepflanzt (nicht aus der Erde herausschauen lassen wie die Rhizome der Bart-Iris). Dann habe ich sie mit Kompost versorgt und gut angegossen. Sie hat den ganzen Sommer herrlich geblüht. Die Blüten halten sich gut in der Vase. Ich habe zwei Pflanzen mit verschiedenen Farben: rosa-rot und orange-gelb. Ich lasse sie wachsen, bis die Blätter sich im November einziehen. Sie wird ca. 1 m hoch und ist eine echte Bereicherung in der Rabatte.

Inkalilie

Garten-Montbretie Die Montbretie (*Crocosmia*) ist ebenfalls neu im Paradiesgarten. Sie ist ein anspruchsloser Sommerblüher mit orange-roten Glöckchen. In voller Sonne mag sie ab und zu etwas Wasser. Im ersten Jahr habe ich sie im Herbst ausgegraben und bis zum Frühjahr in der Garage gelagert (s. Blumenwurzeln einlagern S. 108). Aus meiner Kindheit erinnere ich mich an den Garten meiner Tante, der voll Montbretien war. Sie hat sie im Winter nicht hereingeholt, aber da ich nicht sicher bin, ob ich auch so eine winterharte Sorte habe wie sie, werde ich meine Montbretien auch diesen Herbst wieder ins Haus holen.

Montbretie

Zimbelkraut Das Zimbelkraut (*Cymbalaria muralis*) ist eine Wildpflanze, die in Stadt und Land vorkommt, aber als „Mauerblümchen"

Von den Pflanzen lernen

Beim Pflanzen oder Schneiden der Heil- und Küchenkräuter kommt das Interesse, was in ihnen steckt und wofür ich sie heilend einsetzen kann. So sind ganz zufällig die Rezeptur für mein Kräutersalz und meinen Kräutertee entstanden.

Zimbelkraut

kaum beachtet wird. Ich habe sie für mich entdeckt, weil diese Pflanze sich sehr gut dazu eignet, auch schwierige kleine Winkel zu begrünen: Mit ihren hübschen violetten Lippenblüten wächst das Zimbelkraut in der Sonne wie im Schatten und besonders gern in Mauerritzen zwischen Steinen.

Der Kräutergarten

Der Sommer ist Kräuterzeit. Kräuter werden jetzt geerntet und getrocknet. Durch Stecklinge vermehre ich Lavendel, Ysop, Salbei, Rosmarin und Strauchbasilikum. Weiche Triebe (fingerlang) stecke ich in ein Sand-Humus-Gemisch, drücke die Erde leicht an, stülpe ein Glas darüber und stelle sie hell und warm. Wenn sie stark genug sind, kommen sie in die Lücken im Kräuterbeet.

Basilikum Im Paradiesgarten steht das größere, robuste Strauch-Basilikum (s. S. 90 bei den „Besonderen Pflanzen"). Das kleine, in Töpfen gezogene Basilikum (*Ocimum basilicum*) säe ich immer wieder aus und pikiere auf 5 Pflänzchen im kleineren Topf. Daran denken, dass das Basilikum ein Lichtkeimer ist, und auch für ausreichend Wärme sorgen! Beim Ernten nicht die Blätter einzeln abrupfen, sondern den ganzen Blatt-Trieb etwa 1 cm über den untersten Seitentrieben abschneiden. So wächst das Kraut immer wieder nach.

Bohnenkraut Das Bohnenkraut gibt es im Garten in zwei Arten: als ausdauerndes Bergbohnenkraut (*Satureja montana*) und als einjähriges Sommerbohnenkraut (*Satureja hortensis*).
Das Bergbohnenkraut ist ein ausdauernder Kleinstrauch, er steht schon jahrelang im Kräuterbeet. Ihm gebe ich gerne etwas Sand in die Erde. Die kleinen Blüten sind bei Insekten beliebt.
Das Sommerbohnenkraut säe ich direkt zu den Buschbohnen (Lichtkeimer, nicht abdecken!). Beide Pflanzen sind gute Nachbarn im Beet; das Kraut macht die Bohnen aromatischer. Es sät sich auch selbst aus und ist auch im folgenden Jahr an verschiedenen Stellen im Garten willkommen. Auch zwischen Reihen von Roter Bete setze ich gerne einige Pflanzen und säe alle zwei Wochen einige Samenkörner dazwischen. So habe ich immer frisches Bohnenkraut, und beide Pflanzen bilden eine

gute Mischkultur – bis die Rote Bete reif ist, ist das Sommerbohnenkraut längt abgeerntet.

Geerntet wird das Bohnenkraut kurz vor der Blüte. Beide Bohnenkrautsorten passen vom Geschmack her in jedes Bohnengericht und machen es auch besser verdaulich. Bohnenkraut lässt sich leicht trocknen. Die Blättchen streife ich ab und bewahre sie für den Winter in luftdichten Behältern auf.

Gartenpimpinelle

Die Gartenpimpinelle (*Sanguisorba minor*) heißt auch Kleiner Wiesenknopf. Sie steht im Kräuterbeet und dient als mild schmeckendes Küchenkraut für den Salat; sie enthält viele Vitamine. Ich säe sie im März oder April direkt ins Freiland. Wenn man die Knopfblüten ausschneidet, wachsen die Blätter noch bis zum Winter.

Pimpinelle

Johanniskraut

Unseren Johanniskraut-Strauch hatte ich ja schon im Frühjahr erwähnt, doch gehört in den Kräutergarten auch das Echte Johanniskraut (*Hypericum perforatum*) als alte Heilpflanze. Wenn es im Sommer am Beetrand in voller Blüte steht, verkörpert es die Freude über die wärmende Kraft der Sonne am längsten Tag des Jahres, dem Johannistag. Es enthält den gelben Farbstoff Hypericin, der die Nerven beruhigt. Mein Mann gewinnt aus den Blüten das Johanniskraut-Öl, das sich bei der Behandlung von Brandwunden, Hautverletzungen, Ekzemen und Insektenstichen bewährt hat.

Johanniskraut-Öl

Johanniskraut-Blüten mit wenigen Blättern in eine Flasche füllen. Mit kaltgepresstem Olivenöl auffüllen und 5 bis 6 Wochen ans Licht stellen, dabei täglich ein- oder zweimal gut schütteln. Danach das blutrote Öl abseihen.

Diese Pflanzen nehme ich in mein Kräutersalz

Petersilie
Liebstöckel
Oregano
Brennnessel
Sellerie
Ysop

Blütenbutter

Kleingeschnittene Blütenblätter von **Kapuzinerkresse Ringelblume Borretsch** (nur die blauen Blütenblätter, nicht die rauen Kelchblätter) mit zimmerwarmer **Butter** verkneten, mit **Kräutersalz** leicht würzen – auf frischem Brot ein Augen- und Gaumenschmaus!

Kapuzinerkresse Überall, wo ein Plätzchen frei ist, lege ich einige Körner der Kapuzinerkresse (*Tropaeolum*) in den Boden. Die Pflanze wächst völlig problemlos, sie mag Lehmboden und Sonne. Auf der Terrasse ist sie stets griffbereit und erfreut uns bis weit in den Herbst hinein. Der erste Frost allerdings beendet jäh ihr Leben, und sie kommt mit einem „Dankeschön" auf den Kompost.

In der Küche kann man Blätter, Stiele, Blüten und Knospen, aber auch die grünen Samenkapseln verwenden. Das scharfe Aroma der Pflanze stammt von den Senföl-Glukosiden. Diese haben eine antibakterielle Wirkung und helfen daher bei Erkältungs- und Blasenleiden. Außerdem enthält die Pflanze Vitamin C, Schwefel und Eisen. Als Würze im Salat oder Kräuterquark stärkt die Kapuzinerkresse das Immunsystem, die Blüten sind außerdem wunderbare Farbtupfer im Salat.

Für Kräuteressig nehme ich eine Flasche mit weiter Öffnung (Brottrunk-Flaschen) und fülle sie bis unter den Rand mit Blüten. Dann fülle ich mit Weißweinessig auf und lasse das Ganze eine Woche ziehen, zwischendurch schüttele ich die Mischung immer wieder. Die Blüten entferne ich nicht, sie sehen hübsch aus.

Für eine Haarspülung mische ich Kapuziner-Essig mit lauwarmem Wasser zu gleichen Teilen. Der Essig macht das Haar geschmeidig und glänzend, die Kapuzinerkresse beugt Schuppen und Haarausfall vor.

Lavendel Lavendel (*Lavendula angustifolia*) gehört in den Bienen- und Hummelgarten. Er ist ein Lippenblütler und liebt daher die Sonne. Es ist eine Freude, diese Lebenslust von Blüte, Duft und Schmetterlingen wahrzunehmen. Nach der Blüte schneide ich die Pflanze bis über den verholzten Teil zurück.

Lein/Flachs Obwohl der Flachs (*Linum*) eine unserer ältesten Heil- und Kulturpflanzen ist, freuen wir uns „nur" an den im Wind wiegenden blauen und weißen Blüten. (Leinsamen kaufen wir in der Apotheke). Ende März bis Anfang April ausgesät, erfreut uns der Flachs, wenn auch sehr verhalten, jedes Jahr von Juni bis August als Wildstaude.

Lorbeer Lorbeer (*Laurus nobilis*) steht im Topf in der Sonne: Die Blätter nehme ich frisch oder getrocknet zum Würzen von Suppen und Soßen,

Johanniskraut

Das Johanniskraut-Öl hilft
bei Hautverletzungen.

Im Kräutergarten
Lorbeer, Malve und
Strauchbasilikum

sie wirken verdauungsfördernd. In meine Reisdose gebe ich einige Blätter, damit das Aroma in den Reis zieht.

Malve, Eibisch und Stockrose

Malve (*Malva*), Eibisch (*Althea officinalis*) und Stockrose (*Alcea rosea*) sind eng verwandte Pflanzen. Sie suchen sich ihren Platz im Garten selbst, dort blühen sie von Juni bis September und erfreuen Auge und Bienen. Die Blüten der kleinen roten Malve gebe ich in den Kräutertee. Die kleine Malve oder „Käsepappel" wirkt entzündungshemmend, und der Eibisch hilft bei Husten und Verschleimung.

Petersilie

Petersilie (*Petroselinum*) ziehe ich in kleinen Töpfen mit frischer Pflanzenerde vor, wie im Kapitel „Pflanzen vorziehen" beschrieben (s. S. 54). Für Petersilie im Freiland nehme ich nicht einen größeren, zusammenhängenden Bereich, sondern verschiedene kleine Eckchen zwischen Blumenstauden im Halbschatten, neben einer Rose, auch in Töpfe und Tröge auf der Terrasse, überall dort, wo noch nie Petersilie gestanden hat. Außerdem pflanze ich Tagetes neben die Petersilie, um die Nematoden fernzuhalten, und streue Meeresalgenkalk („Algomin") über den Boden.

Erfahrungsgemäß ist die glatte, großblättrige Petersiliensorte weniger anfällig als die krause Petersilie. Im Juli oder August gesät, keimt die Petersilie oft besser als im Frühjahr, die Blattrosetten überwintern dann unter einem Schutz aus Reisig (Achtung: auf kleine schwarze Schnecken kontrollieren!).

Wenn die Petersilie gar nicht gedeihen will, kann man immer noch auf die robustere Staudensilie (s. S. 90) ausweichen, deren Blätter einen ganz ähnlichen Geschmack haben.

Pfefferminze und Melisse

Pfefferminze (*Mentha x piperita*) und Melisse (*Melissa officinalis*) liebe ich in unserer Teemischung. Nur wer homöopathische Mittel einnimmt, sollte auf Pfefferminze verzichten, da das Menthol deren Wirkung schwächen kann.

Ringelblume

Ringelblumen (*Calendula officinalis*) gehören zu meinen Lieblingsblumen. Sie tun dem Boden und dem Menschen gut, erfreuen Herz und Gemüt, Insekten und Bienen. Die geringelten Samen

Suppengrün auf Vorrat

Sellerie, Möhren, Petersilie oder Selleriewurzeln und Lauch putzen und fein hacken, dann alles zusammen in Portionen von je 50 bis 100 g einfrieren.

verleihen der Blume den Namen. Von Juni bis in den Winter hinein beleben die Blüten die Gemüsebeete und Rabatten. Dieses „Marien-gold" streckt seine leuchtenden Blüten der Sonne entgegen.

Die Blüten enthalten als Farbstoffe die gesunden Carotinoide und Flavonoide. Im Kräutertee wie über den Salat gestreut, gibt die Ringelblume Farbe und Heilkraft an uns Menschen weiter. Auch auf der Haut hat sie eine pflegende und heilende Wirkung.

Rosmarin Rosmarin (*Rosmarinus vulgaris*) erinnert mich an ein Liedchen, das meine Mutter im Garten sang: „Guten Tag, Herr Gärtnersmann, haben Sie Lavendel, Rosmarin und Thymian und ein wenig Quendel?" Heute lieben wir Rosmarin-Nadeln in Butter leicht gebraten über Nudelgerichten. Der Gehalt an ätherischem Öl macht den Rosmarin so beliebt. Je sonniger er steht, umso mehr nehmen wir den kampfer-ähnlichen Geruch wahr. Im Sommer setze ich die Pflanze ins Kräuterbeet, zu den Rosen oder an die Terrasse in die volle Sonne. Lehm, etwas Kompost, Sand und Gesteinsmehl ergeben die ideale Pflanzerde. Zum Ernten sollte man nie zu viel abschneiden. Die Zweige hänge ich zum Trocknen auf. Da der Rosmarin nicht winter-hart ist, hole ich mir im Herbst eine kleine Pflanze im Topf auf die Fensterbank.

Rosmarin ist eine alte Heilpflanze, als Abkochung wirkt sie desinfizie-rend, zum Beispiel bei unreiner Haut. Die Pflanze enthält pilzabtötende Stoffe. Sollte eine Pflanze, zum Beispiel der Phlox, von Mehltau befallen sein, spritze ich sie mit einer Abkochung: 4 Teelöffel Rosmarinblätter in ein Liter kochendes Wasser geben, 20 Minuten ziehen lassen und 1:1 mit Wasser verdünnen.

Als Tee werden ein Teelöffel getrocknete Nadeln pro Tasse in Wasser aufgekocht und einige Minuten kochen lassen. Rosmarin erfrischt am Morgen, Lavendel entspannt am Abend.

Salbei Der Salbei-Strauch (*Salvia*) hat seit Jahren seinen festen Platz im Garten. Er wird Ende April *über* dem alten Holz geschnitten. Junge Pflanzen können gut als Hochstamm gezogen werden. Dafür sollte man im Frühjahr den mittleren Trieb stehen lassen und alle Seitentriebe entfernen. Dabei die Schere direkt am „Stamm" ansetzen, damit keine Stummel stehen bleiben. Ist die gewünschte Höhe erreicht, kann die

Ringelblumen gegen Schnecken

Bei abgeblühten Calendula die braunen Samen ausreifen lassen. Die Samen großzügig aussäen, vor allem vor der Erdbeerernte. Schnecken mögen den Geruch nicht und bleiben fern.

Sommerkräuter

oben links: Der Garten im Spätsommer
rechts: Ringelblume
unten links: Mutterkraut
unten rechts: Zierschafgarbe

Leben und leben lassen

Es ist immer wieder ein Glück, sich mit anderen Gärtnern auszutauschen. Meistens merkt man ihnen an, wie viel Freude sie an ihrem Garten haben. Ich kann mich noch daran erinnern, dass das früher ganz anders war: Der Garten war harte Arbeit, eine drückende Pflicht, von den Erträgen hing für die Familien viel ab. Auch das ist für mich heute ein Geschenk: von den Früchten meines Gartens zu leben, aber nicht von ihnen abhängig zu sein. Erfolge oder Misserfolge kann ich gelassen sehen, ich muss nicht gegen jeden Käfer mit einem Großaufgebot an Gift vorgehen, ich kann leben und leben lassen.

Rezept für ein Rosmarinbad

½ Liter kochendes Wasser über 50 g Blätter gießen. Diesen Sud dem Badewasser zugeben.

Teemischung für die Wechseljahre

Je 20 g Salbei, Hopfen, Weißdorn (Blüten und Blätter) und Melisse vermischen. Für 2 Tassen Tee 1 bis 2 Teelöffel dieser Mischung mit heißem Wasser aufbrühen und mindestens 10 Minuten ziehen lassen. Zwei Tassen 2 Stunden vor dem Zubettgehen lauwarm trinken.

Krone etwas beschnitten werden. So kann man auch mit Rosmarin, Olivenkraut und anderen Kräutern verfahren.

Im Winter decke ich den Strauch mit Tannenreisig ab, um ihn gegen harte Fröste zu schützen.

Frischen Salbei ernte ich immer wieder übers Jahr, bis in den Winter hinein, doch den höchsten Gehalt an Wirkstoffen haben die Blätter kurz vor der Blüte, im Mai oder Juni. Auch im August kann die Pflanze abgeerntet werden. Das aromatische Bitterkraut hilft bei Verdauungsbeschwerden, bei Völlegefühl und Blähungen. Es macht fette Speisen verdaulicher. Die Blätter, sanft in Butter gebraten, schmecken zu Nudeln und Kartoffeln. Außerdem hat Salbei vielfältige Heilwirkungen: Er hilft gegen übermäßiges Schwitzen, zum Beispiel in den Wechseljahren. Salbeitee lindert Juckreiz und Ekzembildung, man nimmt ihn auch zum Gurgeln bei Erkältungen und bei Zahnfleischentzündungen.

Thymian und Quendel Thymian (*Thymus vulgaris*) und Quendel (*Thymus serpyllum*) säumen die Gartenbeete und stehen auch zwischen den Rosen. Der Thymian ist ein sonnenliebender Lippenblütler, er blüht von Juni bis September und ist beliebt bei Bienen und Schmetterlingen. Ein gebundenes und getrocknetes Sträußchen hängt in der Küche und im Badezimmer. Der letzte Erntetermin für die Blätter ist Ende August, ich hänge die Zweige zum Trocknen an einen warmen Platz, aber nicht direkt in die Sonne. Nach diesem Termin ernte ich im Garten nur noch wenige Zweige und Triebspitzen bei Erkältungskrankheiten. Als Tee nehme ich beide Arten im Sommer frisch und im Winter getrocknet. Thymiantee bewährt sich bei Husten und Bronchitis als beruhigend und krampflösend. Dazu lasse ich 25 g getrocknetes Kraut etwa 10 Minuten in einer Tasse heißem Wasser ziehen und süße den Tee mit Honig. Einen solchen Aufguss (ohne Honig) gebe ich auch gerne ins Badewasser. Außerdem hilft der Tee bei Entzündungen von Mundschleimhaut und Zahnfleisch.

Wildkräuter

Die Schafgarbe (*Achillea millefolium*) ist natürlich auch ein wichtiges Heilkraut, doch sammele ich die Wildform auf den Wiesen um den Garten, die zum Glück seit Jahren nicht mehr gedüngt und gespritzt werden. Im Garten habe ich dagegen eine prachtvolle Zier-Schafgarbe als Staude, die seit Jahren am gleichen Standort steht. Das Mutterkraut (*Tanacetum parthenium aureum*) sät sich in unserem Garten selbst aus. Es ist pflegeleicht und sieht hübsch aus, auch in Sträußen. Mit seinen weißen kleinen Korbblüten passt es sich überall ein. Das Mutterkraut wird etwa 60 cm hoch und liebt volle Sonne und einen trockenen, durchlässigen Boden.

Es ist ein altes Heilkraut gegen Migräne und hat auch entzündungshemmende Wirkung, ist jedoch sehr bitter. Das bittere Aroma macht es zu einem guten Mittel gegen Motten: Ich fülle getrocknete Blüten und Blätter in Stoffsäckchen.

Zitronenmelisse

Die Zitronenmelisse (*Melissa officinalis*) braucht im Kräuterbeet humusreichen Boden. Der Name „Melissa" kommt vom griechischen Wort für „Biene", denn die Melisse ist wie die meisten Lippenblütler bei Bienen sehr beliebt. Vom Frühjahr bis zum Herbst ernte ich die jungen Triebe, mal mit, mal ohne Blüten. Die Pflanze übt auf uns Menschen eine trostreiche, beruhigende Wirkung aus. Überall wo Unruhe, schlechte Träume oder Traurigkeiten einen Menschen quälen, hilft ein Tee aus Melissenblüten.

Zitronenmelisse kurz über dem Boden abschneiden, wenn sie verblüht ist, dann treibt sie noch ein zweites Mal aus.

Melissen-Öl hilft bei Lippenherpes oder Fieberbläschen. Gerne gebe ich im Sommer einige Blätter an Fruchtgetränke, und eine Erbeere mit einem Melissenblättchen ist ein Geschmackserlebnis!

Monarde

Besondere Pflanzen im Kräutergarten

Monarde Die Monarde (*Monarda didyma*) heißt auch Goldmelisse oder Indianernessel. Sie blüht rot von Juni bis Oktober und zieht Bienen an. Aus ihren Blüten und Blättern bereiteten schon die Ureinwohner Nordamerikas einen schmackhaften Tee. Man kann das Kraut auch als Zugabe zu Grün- oder Schwarztee nehmen, dann schmeckt der Tee ein wenig wie Earl Grey. Die Blätter kann man schon vor der Blüte sammeln und trocknen. Im Garten mag es die Monarde sonnig, mit gut gedüngtem Boden und reichlich Wasser. Ich versetze sie ungefähr alle drei Jahre an einen neuen Standort. Dabei achte ich darauf, sie nicht neben die Pfefferminze zu setzen, denn die beiden Pflanzen vertragen sich nicht. Weil sie zu Mehltau neigt, besprühe ich sie vorbeugend regelmäßig mit Schachtelhalmbrühe und schneide sie im Herbst zurück, ebenso wie ihre Verwandte, die Duftnessel. Nur die Monarda didyma ist als Heil- und Gewürzpflanze wertvoll, verschiedenen Zuchtformen sind Zierpflanzen und dienen den Bienen. Als Heilpflanze wirkt die Monarde im Tee bei Erkältungen, als Gewürzpflanze zum Beispiel im Eistee. Ihre Gerb- und Bitterstoffe helfen bei Verdauungsstörungen.

Staudensilie oder Schottischer Liebstöckel Der Schottische Liebstöckel (*Ligusticum Scoticum*) stammt, wie der Name sagt, aus einer Gegend mit rauem Klima und ist daher auch bei uns winterhart. Die neuen Züchtungen haben Blätter mit schönem Petersiliengeschmack, die sich von Mai bis Oktober ernten lassen. Sie werden unter dem Namen „Staudensilie" bisher erst von wenigen Gärtnereien angeboten (Bezugsquellen am Ende des Buches).

Strauchbasilikum Den Strauch-Basilikum habe ich vor Jahren noch als Versuchspflanze von der landwirtschaftlichen Hochschule in Hohenheim bekommen, inzwischen gibt es ihn beim Gärtner und sogar im Gartencenter. Einfacher als ihn aus Samen zu ziehen ist es, ihn im Frühjahr zu kaufen. Im Vergleich zum „normalen" Basilikum ist er ro-

Rezept für Monarden-Eistee

2 Esslöffel frische Monardenblüten mit 1 Liter kochendem Wasser überbrühen, nach 10 Minuten abseihen und kaltstellen. Mit 4 Orangenscheiben, Eiswürfeln und 10 Zitronenmelissenblättern servieren.

buster, auch gegen Schnecken. Die Bienen lieben seine violetten Blüten, besonders wenn er als Hochstämmchen gezogen ist.

Ysop Vorne am Weg wächst, blüht und gedeiht er, mager gehalten, zwischen Steinen und in der vollen Sonne. Geschnitten wird er im Frühjahr kurz über den verholzten Stängeln. Das heilige Kraut Ysop (*Hyssopus officinalis*) wird schon im Alten Testament erwähnt. Die winterharte Pflanze wird etwa 80 cm hoch. Ihre blauen und weißen Blüten sind ein Bienenmagnet.
Von den Bitterkräutern ist Ysop das mildeste. Hildegard von Bingen empfiehlt bei „Traurigkeit der Leber" Hähnchen mit Ysop zu essen. Wo viel fettes Fleisch gegessen wird, muss Ysop mit seinen Bitterstoffen der Leber helfen, das Fett zu verdauen. Aber auch wir Vegetarier wissen den Ysop zu schätzen: Ysop ist unser „Hallo-Wach-Kraut", wenn wir auf Kaffee verzichten. Ich verwende die Blätter in der Küche und im Kräutersalz: Über Salat und Gemüse gestreut, tun sie auf alle Fälle wohl. Außerdem bereite ich bei Heiserkeit und Entzündungen im Rachenraum einen Tee zum Spülen und Gurgeln aus ihnen.

Ysop

Besprenge mich mit Ysop,
dann werde ich rein,
Wasche mich damit,
dann werde ich weiß wie
Schnee!

(Ps. 51,9)

Der Schattengarten

Der Schattengarten gehört gar nicht zum eigentlichen Paradiesgarten: Es ist ein kleiner Streifen auf der Nordseite direkt am Haus. Trotzdem spielt er eine wichtige Rolle für den ganzen Garten, denn hier wachsen die Farne, die im Garten auf vielfältige Art verwendet werden: Wurmfarn (*Dryopteris*) und Hirschzungenfarn (*Asplenium scolopendrium*). Im Herbst werden die Farnwedel vom Wurmfarn geschnitten, um sie im Winter in der Garage zu trocknen. Dabei werden die Farne jedoch nicht ganz zurückgeschnitten, es müssen immer noch genug Wedel stehen bleiben, um den Boden ganz zu bedecken.
Auch im Frühjahr kann man Farnwedel schneiden, trocknen und dann häckseln. Das Häckselgut streue ich in die Furchen, in die ich dann die Kartoffeln lege. Auch zwischen unser Lagerobst lege ich trockene Farnwedel, um die Äpfel länger frisch zu halten. Außerdem streife ich die Blätter von den Wedeln, trockne sie und fülle damit kleine Kissenbezüge. Sie helfen bei Kopfschmerz und Schlafstörungen.
Die beiden Farnsorten wachsen in heimischen Wäldern, auch wenn man

Nur Mut

Man kann im Garten ruhig einmal etwas ausprobieren: Ein Samentütchen ist keine große Investition, oft bekommt man Samen auch geschenkt. Wenn etwas missrät, so freut sich der Kompost darüber. Dabei sollte jeder versuchen, sich von der Lage, der Bodenbeschaffenheit, dem Licht im eigenen Garten leiten zu lassen. Der Paradiesgarten zum Beispiel liegt auf der Nordseite des Hauses, er hat nicht besonders viel Sonne. Wer feinfühlig dafür ist, was der Garten will, der wird den richtigen Weg für seinen Garten finden.

sie von dort nicht in den Garten holen darf. Sie sind daher winterhart und pflegeleicht. Da sie im Wald wachsen, brauchen sie es schattig, mit feuchtem und saurem Boden. Weil Torf ja nicht in Frage kommt (s. S.42), sammele ich Walnusslaub, häcksle es und mische es mit Kokosfasern und Sand. So erhalte ich eine saure Pflanzenerde für meine Farne, denn das Walnusslaub enthält Gerbsäure.

Neben dem Farn bilden die FUNKIEN (*Hosta*) eine schöne Blätterdecke im Schattengarten, sie sind anspruchslos, langlebig, und mit ihrem schönen, hellgrün-weißen Laub hellen sie den Schattengarten auf. Allerdings sind sie bei Schnecken beliebt. Funkien mögen tiefgründigen, feuchten, humusreichen Boden, ähnlich wie die Farne. Im Gegensatz zu diesen bilden sie kleine Blüten in Hell-Lila. Man kann sie vermehren, indem man den Wurzelstock teilt.

Im Schattengarten wachsen darüber hinaus auch Blumen: Da ist einmal das SALOMONSSIEGEL (*Polygonatum odoratum*), eine Staude, die schon im Mai zu blühen beginnt, dann der FINGERHUT (*Digitalis*), der es gern schattig hat, sich aber im Paradiesgarten auch an relativ sonnigen Stellen selbst aussät, besonders zwischen den Aronia-Sträuchern. Ich säe ihn im Juni ins Freiland, dann bildet er bis zum Herbst eine Blattrosette am Boden und blüht dann im nächsten Sommer. Vorsicht, der Fingerhut ist giftig! Im Herbst blüht im Schattengarten die weiße HERBST-ANEMONE (*Anemone japonica*). Nach der Blüte bleiben die Stängel als Winterschmuck stehen, sie ragen mit ihren runden Fruchtständen über die Blätterdecke aus Farn und Funkien hinaus und geben dem Garten damit Struktur.

Ein hübsches Kraut in unserem Schattengarten ist der BÄRLAUCH, den ich im Frühjahr für Salat und Quark ernte.

Beeren

Auf die Kartoffeln folgen im Beet die Erdbeeren, und zwar die alte und besonders schmackhafte Sorte ‚Mieze Schindler'. Diese Sorte ist inzwischen schon berühmt, hat aber den Nachteil, dass sie eine Befruchtersorte braucht. Ihre neuere Verwandte ‚Mieze nova' hat diesen Nachteil nicht mehr. Sehr frühe Sorten vermeide ich, da der Garten durch die Nordlage im Frühjahr länger kalt bleibt.

Sommerkräuter

oben links: Cosmea
oben rechts: Das Taubenschwänzchen
tankt Nektar an der Etagenverbene.
unten links und rechts: Farne im
Schattengarten.

Frühherbst

oben links: Sonnenblume,
Echinacea, Königskerze
oben rechts: Sonnenblume
unten: Himbeeren und Zucchini
ranken um die Wette.

Erdbeere Erdbeeren zu pflanzen will gut überlegt sein. Drei Jahre bleiben sie am gleichen Ort. Gut gedeihen sie nach Frühkartoffeln. Im Abstand von 20 cm kommen die Jungpflanzen auf gut durchlüfteten Boden. Gepflanzt wird im Juli/August oder noch im September. Man sollte die Pflänzchen gut angießen und am Anfang feucht halten. Im Herbst wird mit grobem Häcksel gemulcht. Im Frühjahr entferne ich die alten Blätter, harke etwas Beerendünger ein und lege Stroh um jede Pflanze. So versorgt bringen die Pflanzen eine gute Ernte, vor allem im zweiten und dritten Jahr. Danach pflanze ich neu auf ein neues Beet. Es ist wichtig, im Gartenplan die Reihenfolge aufzuschreiben. So habe ich, verteilt im Garten, eine Reihe ein-, zwei- oder dreijähriger Erdbeerpflanzen. Gedüngt wird jeweils *nach* der Ernte.

Heidelbeere Im Garten stehen auch zwei Heidelbeersträucher. Manche Heidelbeersorten sind zwar selbstbefruchtend, aber nicht alle, und ein Strauch trägt ohnehin nicht sehr viel. Die Beeren sind schön und lecker, und das bunte Herbstlaub ist faszinierend.
Heidelbeeren brauchen sauren Boden ohne Kalk, sie wachsen wild zum Beispiel in Hochmooren. Anfangs wollte ich diesen Boden nicht im Garten, doch inzwischen habe ich eine Lösung gefunden: Walnusslaub, das von Natur Gerbsäure enthält, wird fein gehäckselt und mit aufgequollenen Kokosfasern gemischt. Dann habe ich für zwei Pflanzen, die ich im Container gekauft habe, reichlich große Pflanzlöcher ausgehoben und diese mit meiner Mischung aufgefüllt. Nach dem Setzen habe ich mit Regenwasser angegossen. Ob man einen solchen Aufwand treiben will, sollte man sich gut überlegen.

Himbeeren Die alte Sorte ‚Autumn Bliss' trägt jedes Jahr zuverlässig wohlschmeckende Früchte. Im Winter nach der Ernte sollten eigentlich alle Ruten bodennah abgeschnitten werden, ich lasse aber einige junge Triebe stehen – so habe ich schon im Sommer eine kleine Ernte. Schön und besonders süß sind die gelben Himbeeren der Sorte ‚Golden Queen', die ich ebenfalls im Garten habe. Hier muss man mit dem Ernten rasch sein, denn die reifen Früchte fallen leicht ab.

Die Himbeersorten Golden Queen und Autumn Bliss

Frühherbst

Rittersporn und Dahlien
wachsen neben Dill und
Etagenverbene.

Frühherbst

Erntezeit

Schon im Spätsommer gibt es reichlich zu ernten im Paradies-
garten: Zum einen viele Kräuter, zum anderen auch Beeren:
Eberesche, Himbeeren, Aronia-Beeren, Kornelkirschen und
Holunderbeeren kommen in verschiedenen Kombinationen in meine
Wildfrucht-Marmelade. Die Goji-Beeren lassen sich bis Ende Oktober
ernten. Danach schneide ich den Strauch auf 6 bis 8 Triebe zurück.
Der Herbst ist auch im Paradiesgarten der Erntemonat: Im SEPTEMBER
gibt es reichlich Tomaten, auch noch Zucchini sowie Kohlrabi, Brokkoli,
Blumenkohl, Gurken und natürlich Lauch, Rote Bete, Sellerie und fri-
schen Salat.

Beim KOHLRABI schneide ich nur die Knollen ab und lasse die Strünke
im Beet stehen: Sie entwickeln dann noch einmal winzig kleine Kohlrabi-
Knollen außen um die Schnittstelle herum, die man später im Herbst
ernten kann.

Immer wieder kann ich auch KARTOFFELN ernten, und auf das leere
Kartoffel-Land säe ich gleich wieder FELDSALAT, und zwar die Winter-
sorte ‚Dunkelgrüner Vollherziger‘, weil sie nicht vom ‚Falschen Mehltau‘ befallen wird. Es soll kein Land leer bleiben.

Beim ROSENKOHL breche ich im Herbst die obere Rosette aus, damit die
ganze Kraft in die Röschen geht.

Um diese Jahreszeit dünge ich jetzt nur noch, was noch lange auf dem
Beet bleibt, z. B. Brokkoli, Blumenkohl, Sellerie, Lauch und – als ich sie
noch im Garten hatte – auch Möhren. Sie bekommen Kräuterjauche, im
Verhältnis 1:10 verdünnt. Der Sellerie braucht am meisten davon.

Der Rosenkohl bleibt im Beet, bis er abgeerntet ist. Er entwickelt sein
mildes Aroma erst im Winter bei Kälte. ‚Hilds Ideal‘ ist eine gute
Züchtung. Man erntet die Röschen von unten nach oben. Die Blätter

Lebensmittel schätzen

Natürlich suchen wir alle immer nach dem pflegeleichten Garten und den Gemüsesorten, die schnell reichen Ertrag bringen. Doch die Arbeit, die wir für Früchte und Gemüse aufwenden, gibt diesen auch einen besonderen Wert: Selbst gesetzte und geerntete Kartoffeln schmecken doppelt so gut wie gekaufte und werden auch nicht so achtlos weggeworfen.

Lauch, Salat, Fenchel

bleiben stehen. Sie legen sich bei Frost schützend über die Röschen. Im OKTOBER werden die HOKKAIDO-KÜRBISSE geerntet – jedoch erst, wenn der Stiel ganz verholzt ist, sonst lässt sich der Kürbis nachher nicht lagern. Wenn ich vor den reifen Hokkaidos stehe, kann ich nur staunen, was doch aus nur einem einzigen Saatkorn entsteht, wenn es in die richtige Erde gelegt und mit Wasser, Kompost und Sonnenenergie gespeist wird. Kühl und trocken gelagert, halten sich meine Kürbisse über den ganzen Winter.

Samen von Gemüse

Beim Gemüse erntet man nicht nur die letzten Früchte, sondern auch die Samen für die Aussaat im nächsten Jahr. Bei den kleinen WILDTOMATEN sind immer wieder einmal angestoßene dabei. Man kann die feuchten Samen dieser Früchte leicht auf ein Küchenpapier abstreifen und dort trocknen lassen. Das Papier wird eingefaltet, beschriftet, und im Frühjahr angefeuchtet auf die Anzuchterde im Topf gelegt. Vom HOKKAIDO gewinnt man die Samen aus dem Kürbis, doch muss man darauf achten, dass keine andere Kürbissorte in der Nähe stand: Kürbisse vermischen sich durch die Befruchtung, so dass die Sämlinge eines Hokkaidos Anteile von Zierkürbissen enthalten können, wenn man Pech hat. Ich gebe das faserige Fruchtfleisch aus der Mitte des Kürbisses in ein Sieb und wasche unter fließendem Wasser die Samen heraus. Zum Trocknen lege ich sie auf einen Teller und bewahre sie dann luftig auf. Von FELDSALAT und PFLÜCKSALAT lasse ich immer ganz wenige Exemplare stehen und ins Kraut schießen, um den Samen einsammeln zu können. Wie gesagt muss der Feldsalat-Samen kurz in die Tiefkühltruhe, damit er einen kleinen „Winter" erlebt hat und bereit ist zu keimen, als ob es schon Frühling wäre (dafür sind Stoffe in der Pflanze verantwortlich, die das Keimen verhindern und erst durch Frost abgebaut werden). Von der ROTEN MELDE kann man wie von einem ins Kraut geschossenen Salat die Samen abernten, sie sät sich sonst aber auch selbst aus. Bei den BOHNEN gibt es immer Schoten, die schon zu weit gewölbt oder fast schon aufgeplatzt sind, wenn man sie ernten will. Diese lasse ich am Strauch hängen, bis sie völlig trocken sind, und nehme dann die Boh

Samen im Herbst

Die Samen der Roten Melde (links) sammele ich ebenso wie die vom Kürbis (rechts).

nen heraus, um sie als Samen für das nächste Jahr aufzubewahren. Bei den Feuerbohnen schneide ich im Herbst die Ranken weg, lasse aber den Wurzelstock in der Erde. Denn manchmal treibt der Stock noch einmal aus und bildet dann Stickstoff für den Boden.

Kräuter

Geerntet werden auch die Kräuter, die in unser Kräutersalz oder den Kräutertee kommen, also Ysop, Schnittsellerie (die Blätter des Knollensellerie sollte man nicht vorzeitig abpflücken), Liebstöckel, Brennnesselspitzen, Pimpinelle, Pfefferminze, Schnittknoblauch („Knolau"), Fenchelsamen, Beinwell, Salbei, Basilikum, Bohnenkraut, Thymian und Rosmarin, außerdem Sauerampfer.
Von Dill, Salbei, Pimpinelle, Pfefferminze, Liebstöckel, Petersilie und Schnitt-Knoblauch erntet man die Blätter, daher ist der beste Zeitpunkt für die Ernte vor der Blüte, also schon im Sommer. Basilikum, Thymian und Bohnenkraut sind am gehaltvollsten, wenn sie schon Knospen an-

gesetzt haben. Trotzdem wird auch im Herbst noch einmal geerntet. Aus der großen Menge an Kräutern lässt sich gut eine Kräuterbutter herstellen, indem man die klein gehackten Blätter mit dem Küchenmixer in die weiche Butter rührt.

Der Thymian bleibt den ganzen Winter über grün und kann laufend sparsam geerntet werden. Darum sollte man ihn niemals ganz herunterschneiden. Als Heilkraut hilft er bei Erkältungen als Schleimlöser, um etwa festsitzenden Husten zu lösen.

Fenchel Vom Fenchel (*Foeniculum dulce*) ernte ich so große Mengen an Samen, dass ich ihn gerne weiterverschenke. Er war schon in meiner Kindheit als das „Bauchwehkraut" bekannt. Von seinen vielen ätherischen Ölen hebe ich das Anethol hervor, das gut für die Verdauung ist. Es wird besonders freigesetzt, wenn die Samen zerquetscht, gekocht oder zerkaut werden, auch im Fencheltee. Zusammen mit Kümmel und Koriander kommt der Fenchel auch gleich ins Mehl, wenn ich Brot backe, das gibt ein schönes, würziges Aroma.

Fast alle Kräuter sammelt man, wenn der Tau getrocknet ist, das kann um diese Jahreszeit schon bis zum späten Vormittag dauern. Nur bei der KÖNIGSKERZE mache ich eine Ausnahme: Sie ist tagsüber so von Hummeln und Bienen umschwärmt, dass ich die Blüten für meinen Tee lieber erst am Nachmittag einsammele, kurz bevor die Blüten abfallen. Die KAPUZINERKRESSE habe ich schon im Sommer vorgestellt. Sie klettert überall dort, wo ein „Hingucker" gewünscht ist. Ein Hingucker sind die leuchtenden Blüten auch im Salat. Ehe der Frost die ganze Pracht vernichtet, nehme ich reichlich Blüten und junge Blätter für ein Pesto.

Auch von der BRENNNESSEL werden im Herbst die Blätter geerntet, sowohl für Kräutertees als auch für den Brennnesselaufguss.

Kräuter trocknen

Schon im September ist bei uns der Kachelofen öfters in Betrieb: Hinter die kleine Klappe über dem Ofen lege ich die Kräuter auf einen Rahmen, der mit einem feinen Drahtgitter bespannt ist. Zusammen mit den Kräutern werden dann im Oktober die letzten Blätter der Rose getrocknet. Auch wenn es im Paradiesgarten keine Damaszener-Rosen gibt,

Bauchweh-Tee

Fenchel, Kümmel, Anis, Koriander mörsern und mit heißem Wasser übergießen. 10 Minuten ziehen lassen.

Fenchelsamen

Schwalbenschwanz-Schmetterlinge

Genauso wichtig wie die Fenchelsamen sind mir die Schwalbenschwanz-Schmetterlinge, die sich gerne auf dem Fenchel niederlassen und dort ihre Eier ablegen. Die prächtig orange-grün gestreiften Raupen lassen sich dort beobachten, und damit sie nicht zur Beute von Elstern und Eichelhähern werden, nehme ich immer einige davon in meinen kleinen Glaskasten und füttere sie dort mit Fenchel. Kleine Schaschlikspieße dienen den Raupen als Stängel, an denen sie sich verpuppen. So überwintern sie geschützt im Kasten, den ich nah am Haus auf einem Tisch der überdachten Terrasse abstelle. Wenn die Falter im April aus ihren Kokons schlüpfen, ist das immer ein ganz besonderer Moment. Mit vielen guten Wünschen entlassen wir die Schmetterlinge ins Freie.

Irmgards Brennnessel-Gomasio

Sesamsamen ohne Fett in einer Pfanne behutsam anrösten. Mit getrockneten Brennnesselspitzen und Kräutersalz in den Mixer geben und fein vermahlen. Lecker über Kartoffeln oder im Salat!

Pesto aus Kapuziner-Kresse

2 Handvoll Blüten,
  junge Blätter und Ranktriebe
2 Esslöffel Pinienkerne,
  ohne Fett leicht geröstet
225 g Reibkäse (Pecorino)
½ Knoblauchzehe
5 Esslöffel Rapsöl
Kräutersalz

Alle Zutaten vermixen und in einem Schraubglas in den Kühlschrank stellen.

kommen Rosenblätter mit in den Tee – das ist im Grunde bei jeder nicht gespritzten Rose möglich. Beim Absammeln der Blütenblätter begegnet mir öfter der Rosenkäfer, ein wunderschön glänzender, dicker Brummer. Der Rosenkäfer frisst zwar ein wenig von den Staubgefäßen der Blüte, fügt ihr aber keinen größeren Schaden zu. Seine Engerlinge sind sogar nützlich, und zwar im Kompost. Sie sehen ungefähr so aus wie Maikäfer-Engerlinge, sind jedoch an ihrem dickeren Hinterleib zu erkennen.

Kräuter im Beet

Bei den Kräutern, die um diese Zeit noch blühen, wie etwa beim Ysop, achte ich darauf, die Blüten als Nahrung für die Bienen stehen zu lassen. Der Borretsch mit seinen dekorativen blauen Blüten sät sich selbst aus, der Beinwell ist eine winterharte Staude, ebenso der Liebstöckel. Wenn die Liebstöckel-Pflanze im Garten zu mächtig wird, kann man im Winter einige Wurzeln abstechen und wie Petersilienwurzel in der Küche verwenden.

Die Pfefferminze breitet sich gern weiter aus, als sie sollte, ihre Wurzeln verdrängen die Nachbargewächse. Im Herbst steche ich daher einmal mit dem Spaten rund um die Pfefferminze, um sie im Zaum zu halten. Ähnlich halte ich es mit der Brennnessel.

Kräuter ins Haus holen

Bei vielen Kräutern helfen einige Tricks, um bis in den Winter eine kleine Ernte zu haben: Vom SCHNITTLAUCH etwa kann man vor dem Frost eine Staude abstechen und auf dem Beet liegen lassen, bis sie Frost abbekommen hat. Erst dann pflanzt man sie nach drinnen in einen Topf. Der ROSMARIN hält sich lange draußen, auch wenn er etwas frostempfindlich ist. Vor den ersten Frösten kann man ihn mit einer Decke über Nacht schützen. Das STRAUCH-BASILIKUM, das ich schon im Sommer vorgestellt habe (s. S. 90), ist zwar robuster als das Topfbasilikum, doch Temperaturen unter 10 °C mag es auch nicht. Um sich etwas von diesem Kraut in den Herbst oder Winter zu retten, zieht man sich am besten einige Stecklinge von der Gartenpflanze für die Küchenfensterbank. Genauso kann man auch mit dem ROSMARIN und dem SALBEI verfahren. Bei den Blumen kann man von Fuchsie und Geranie Stecklinge nehmen. Für Stecklinge nehme ich einige kleine Zweige und stelle sie in ein Wasserglas, bis sie die ersten Wurzeln gebildet haben, dann verpflanze ich sie in einen kleinen Topf mit Pflanzenerde. Noch einfacher geht es mit Bewurzelungspulver aus der Gärtnerei oder auch Holzasche aus dem Kachelofen: Das abgeschnittene Ende des Zweigs wird kurz in das Pulver bzw. die Asche getaucht, dann wird es gleich in einen kleinen Anzuchttopf mit Erde gesteckt. Um den Pflänzchen den Start zu erleichtern, wird noch eine durchsichtige Glocke darübergestülpt, etwa eine abgeschnittene Plastikflasche oder ein Plastikbecher. In diesem Mini-Gewächshaus herrscht immer eine angenehme Luftfeuchtigkeit.

Kräutersamen

Fürs nächste Jahr sammele ich vom Basilikum, Schnitt-Knoblauch und Petersilie die Samen ein. Beim Schnitt-Knoblauch sollte man warten, bis die Samen sich von grün zu schwarz verfärbt haben. Seine schönen Blüten verwende ich auch als Dekoration auf dem Salat. Die Petersilie gerät nicht jedes Jahr, dann ärgere ich mich nicht und kaufe mir im Frühjahr neue Samen.

Aussaat

Obwohl sich im September so viel um die Ernte dreht, sollte man auch das Aussäen nicht vergessen: Wer jetzt noch RADIESCHEN, ACKERSALAT,

RUCOLA und POSTELEIN in den warmen Boden aussät, kann im Oktober noch einmal ernten. Was ich nicht abernte, bleibt stehen. Mal schauen, was im Frühjahr davon noch genießbar ist.

Weil die Samen für den Feldsalat aus dem Garten kommen und nicht aus der Tüte, kommen sie vor der Aussaat einmal ins Tiefkühlfach: So keimen die Samen besser, weil die keimhemmenden Stoffe durch den Frost abgebaut werden. Die Salate werden in kleinen Töpfchen vorgezogen und dann immer in kleinen Gruppen nach draußen gesetzt.

Gesät wird auch schon der SPINAT, der sich dann schon sehr früh im Frühjahr ernten lässt, und gepflanzt werden ERDBEERPFLÄNZCHEN, die im folgenden Frühjahr dann schon gut verwurzelt sind, und WINTER-ZWIEBELN, die sich schon im Mai oder Juni des folgenden Jahres ernten lassen.

Diese frühen Zwiebeln brauchen besonderen Schutz gegen späten Frost, sie werden daher bei Bedarf mit Reisig und Laub abgedeckt. Bei den Winterzwiebeln daran denken, dass sie alle drei Jahre ein anderes Beet brauchen! Sie lieben übrigens die Nachbarschaft der Rose. Schon im September säe ich die EWIGKEITSZWIEBEL in lockeren Boden. Sie bleibt über Jahre an derselben Stelle, geerntet werden nur die Blätter. Im Oktober pflanze ich die weißen Frühlingszwiebeln im Abstand von 15 cm.

Blumen pflegen im Herbst

Das ist ein Abschied mit Standarten
aus Pflaumenblau und Apfelgrün.
Goldlack und Astern flaggt der Garten,
und tausend Königskerzen glühn.

Man könnte meinen, dass Erich Kästner an den Paradiesgarten gedacht hat, als er diese Zeilen schrieb. Der Rittersporn blüht nun das zweite Mal, außerdem blühen das Patagonische Eisenkraut *(Verbena bonariensis)*, der Goldlack, das Berufkraut, Kosmea, Dahlien, Aster, Fenchel, Ageratum, Kapuzinerkresse, Spinnenblume und – obwohl nicht als Zierblume gedacht – der Schnitt-Knoblauch mit seinen zierlichen weißen Blüten. Bienen und andere Insekten schätzen den letzten Nektar des Jahres.

Eine pflegeleichte Staude ist die gelbe EDEL-SCHAFGARBE *(Achillea)*. Sie passt von der Höhe her gut zum Rittersporn und blüht wie dieser vom

Juni bis in den Herbst. Vor Beginn der Blütezeit breche ich die größten Knospen aus. So geht die Wuchskraft in die kleinen Seitenknospen. Sie treiben üppig durch, und das verlängert die Blütezeit.

Bei den Dahlien, die jetzt noch in voller Blüte stehen, entferne ich regelmäßig die verwelkten Blüten und schneide ihren Stängel bis zur nächsten Blattachse zurück.

Goldrute

Auch die Goldrute (*Solidago*) leuchtet im Spätsommer gelb und hoch aus den Beeten. Sie ist zugleich ein Heilkraut. Der Tee hilft bei Zahnfleischentzündungen und Nierenleiden. Dazu einen Teelöffel Goldrutenkraut mit ¼ Liter kochendem Wasser überbrühen und 10 Minuten ziehen lassen.

Katzenminze

Die Katzenminze (*Nepeta cataria*, eine schöne hohe Gartensorte ist z. B. *Nepeta x faassenii*) blüht unermüdlich von Mai bis zum Winteranfang. Nach der ersten Blüte schneide ich sie zurück. Sie ist pflegeleicht und verträgt Trockenheit, kargen Boden und volle Sonne. Da sie reichlich Pollen produziert, ist sie für Insekten und Schmetterlinge wichtig. Ich vermehre sie durch Teilung und setze sie auch als Bodendecker ein. Als Tee hilft das Kraut gegen Blähungen und Magenbeschwerden.

Dahlien

Borretsch

Ähnlich wie die Katzenminze blüht auch der Borretsch (*Borago officinalis*) von Mai bis in den Herbst hinein. Wenn dieses Gurkenkraut einmal im Garten ist, hält es ihm die Treue. Mit seinen blauen Sternblüten erfreut es Mensch und Biene. Ameisen verbreiten den Samen im Garten. Borretsch-Blätter werden nur frisch und jung verwendet.

Katzenminze und Kartoffeln

Katzenminze lege ich auch zwischen meine eingelagerten Kartoffeln, damit diese nicht so schnell keimen und nicht schrumpelig werden.

Blüten-Eiswürfel

Frische Borretsch-
Blüten in Eiswürfel-
behälter legen, mit
Wasser übergießen
und einfrieren. Ein
hübscher Schmuck in
kalten Getränken!

Frühherbst

oben links: Echinacea
oben rechts: Borretsch
unten: Im Frühherbst leuchten
Rudbeckia und Rittersporn,
Cosmea und Clematis.

Wasserdost Der Wasserdost (*Eupatorium cannabinum*) blüht von Juli bis Oktober. In dieser Zeit schneide ich ihn gern für die Vase, und er ist eine wichtige Insektenpflanze. Nach der Blüte lasse ich die hohen Stängel als Winterschmuck stehen. Er braucht lehmhaltige, eher feuchte Erde und etwas Kompost an einem sonnigen oder halbschattigen Standort.

Wasserdost

Samen gewinnen

Von vielen Blumen kann man jetzt für das nächste Jahr Samen gewinnen. Dieses Jahr gab es Samen von Rittersporn, Akelei (schon im Sommer), Skabiose, Witwenblume, Cosmea, Tagetes, Ageratum, Ringelblume, Schnitt-Knoblauch, Spinat-Melde, Spinnenblume, Nigella (Jungfer im Grünen), Fingerhut, Kapuzinerkresse und Buschmalve. Bei der Tagetes kann man die Samen nach Größe und Farbe der Blumen sortieren. Während man bei den meisten Blumen die Samen mit den Samenständen absammelt, kann man bei der Kapuzinerkresse bis zum Frost warten. Wenn man die erfrorenen Pflanzenteile entfernt, kann man die Samenkugeln, die darunter liegen, einsammeln. Überhaupt ist es wichtig, alle Samen nicht zu früh einzusammeln. Sie sollten wirklich reif sein.

Echinacea, Ringelblume und Patagonisches Eisenkraut (Etagen-Verbene) haben jetzt ebenfalls Samen, aber ich sammele diese nicht ein, sondern lasse sie für die Vögel und damit sie sich selbst aussäen. Alle Samen, die jetzt gesammelt werden, bewahre ich dunkel und trocken auf bis zum Frühjahr. Zum Weitergeben eignen sich sehr gut braune Kaffeefilter, die man gut beschriften kann. Der Beschenkte kann die Filtertüte gleich angefeuchtet auf die Topferde legen und die Blumen keimen lassen. Ab dem 15. März werden sie im Wintergarten vorgezogen oder später ins Freiland gesät.

Und ich muss gestehen, ich sammele Samen von sehr vielen Pflanzen im Garten, aber vieles davon brauche ich gar nicht, weil es sich so gut selbst aussät. Die kleinen Samentütchen bleiben dann zum Verschenken oder Eintauschen auf Pflanzentauschbörsen.

Eine Ausnahme von dieser Regel bilden Ringelblumen und Tagetes: Die Samen werden auf jeden Fall gebraucht, denn Ringelblume und Tagetes säe bzw. setze ich gezielt neben mein Gemüse, um den Boden von Nematoden freizuhalten.

Malve

Im Paradiesgarten wie in den meisten Gärten gibt es überzählige Pflanzen: Stauden werden geteilt, Samen gesammelt oder sicherheitshalber ein paar Pflänzchen mehr im Topf vorgezogen. Natürlich können alle diese Pflanzen auf den Kompost wandern, doch wer seine Pflanzen liebt, der gibt sie auch gerne weiter. Zum Tag der offenen Gärten finden die Besucher des Paradiesgartens immer eine ganze Reihe von Töpfen mit Etagenverbene, Rittersporn, Phlox, Rudbeckia oder anderen Pflanzen, die sie sich mitnehmen dürfen. Umgekehrt stammen auch viele Pflanzen im Paradiesgarten von Gartenfreunden, die ihre Schätze mit mir geteilt haben. Die einen stammen aus der Nachbarschaft, die anderen von Pflanzentauschbörsen; auch Freunde und Verwandte bringen Pflanzen mit. Für die Pflanzen-Tauschbörsen im Frühjahr grabe ich schon im Herbst Pflanzen aus: Die Etagen-Verbene überstehen den Winter gut in Töpfen.

Natürlich werden auf diese Weise auch Gartentipps und Erfahrungen weitergegeben – Gartenfreunde bereichern den Garten!

Blumenwurzeln einlagern

Auch die DAHLIEN dürfen stehen bleiben, bis der erste Frost gekommen ist. Dann werden die Pflanzenteile über der Erde auf den Kompost gelegt, und wenn die Erde nicht gefroren ist, werden die Knollen ausgegraben. Bevor ich die Knollen einlagere, wälze ich sie in Holzasche, um sie zu desinfizieren. Dann werden die Knollen in Zeitungspapier gewickelt und in den Keller gelegt.

In den Keller oder die Garage kommen ebenfalls die kleinen Knöllchen des BRASILIANISCHEN SAUERKLEES. Dieser Klee hat rote Blätter und blüht weiß. Die Blätter geben im Salat und im Tee eine feine Säure.

Die MONTBRETIE wird aus der Erde geholt und in Kokosfasern gelegt. Den Erdballen lasse ich an der Wurzel und lagere die Pflanze bei 10 bis 15 °C im Keller. Mitte April wird sie wieder ausgepflanzt. Die Reste kommen auf den Kompost. Ob das Ausgraben wirklich nötig ist, kann ich nicht genau sagen.

Stauden teilen

Jetzt ist die richtige Zeit, um Stauden zu versetzen oder sie zu teilen, wenn sie zu groß geworden sind. In dem noch warmen Boden wachsen die versetzten Stauden wie auch neu gepflanzte Exemplare gut an und bilden vor dem Frost noch Wurzeln, wenn man das Gießen nicht vergisst!

Die Bart-Iris zum Beispiel blüht mit der Zeit immer spärlicher, weil sich die Rhizome so verdichten. Dagegen sollte man etwa alle 5 Jahre das Kraut zurückschneiden und die Rhizome mit der Grabgabel teilen und ausgraben, um sie locker an anderen, sonnigen Stellen wieder einzusetzen. Rhizome sind übrigens keine Zwiebeln oder Knollen, sie sollten auch beim Verpflanzen noch zu etwa einem Drittel aus der Erde herausschauen. Sie mögen auch keinen Kompost, sondern Sand und mageren Boden, und wollen auch nicht mit Häcksel bedeckt werden. Zwar sollte man sie gut angießen, aber Staunässe vermeiden.

Der RITTERSPORN muss geteilt werden, so dass die einzelnen Gruppen nicht zu breit werden. Sonst braucht man zu viel Haltematerial, damit nach einem Regenguss nicht alles am Boden liegt. Das gleiche gilt für den Phlox und für die Rudbeckia. Diese Stauden grabe ich ganz aus und setze sie um.

Nahrung für Schmetterlinge
Das Tagpfauenauge saugt Nektar aus der Etagenverbene.

Auch CLEMATIS lassen sich im Herbst gut pflanzen. Ich habe gleich mehrere dieser Rankpflanzen, davon eine Züchtung und mehrere wilde Clematis oder Waldreben. Für die Züchtungen habe ich nicht das „Händchen" wie für die Wildformen – das mag auch daran liegen, dass solche Pflanzen sich ohne Kunstdünger und Pestizide schwerer im Garten halten lassen.

Der FRAUENMANTEL dagegen braucht nicht umgesetzt zu werden, wenn man ihn großzügig mit Kompost versorgt. Wenn ihm der Boden nicht mehr ausreicht, verschwindet er auch irgendwann von allein, während neue Pflänzchen an anderer Stelle im Garten auftauchen.

Auch meine geliebte ETAGENVERBENE teile ich um diese Zeit und verteile sie weiter an Freunde.

Blumenzwiebeln setzen

Schneeglöckchen, Krokusse und Winterlinge sind die ersten Bienenpflanzen, darum setze ich immer wieder neue Zwiebeln. Und natürlich setze ich um die Beete herum Narzissen und Osterglocken!

Bei den TULPEN nehme ich kurze, nicht gefüllte Sorten. Die langstieligen Sorten werden zu leicht vom Wind umgeweht, und die gefüllten Sorten bieten den Bienen keine Nahrung. Botanische oder Wildtulpen erfüllen zwar beide Bedingungen, blühen aber nur sehr kurz, da sind mir einfache Zuchtformen lieber.

Tulpen

Der Platz für die Zwiebelpflanzen ist ohnehin begrenzt, denn die Zwiebeln beanspruchen ja das ganze Jahr Platz im Beet, und sie müssen ihr Grün behalten, nachdem die Blumen verblüht sind, um Kraft für das nächste Jahr zu sammeln. Darum setze ich die Zwiebeln vor allem an die Ränder der Beete und unter Stauden, die im Sommer das welke Grün der Zwiebelpflanzen verdecken. Dabei sollten jedoch unter Rosen keine Narzissen stehen, sondern lieber Tulpen. Bei den Narzissen wähle ich ebenfalls die nicht gefüllten Sorten, und ich pflanze sie gern neben den Frauenmantel, dessen sehr dekorative Blätter die langen Blätter der Narzissen nach der Blüte gut verdecken.

Blumenzwiebeln kann man im Grunde den ganzen Herbst über einsetzen, auch wenn es ihnen gut tut, wenn sie im Herbst noch Gelegenheit bekommen, sich durch Regengüsse ganz in die Erde „einzuschlämmen". Optimal ist die Zeit bis Ende Oktober. Wer die Zwiebeln zum Auspflanzen zuhause liegen hat, sollte aber bedenken, dass ihnen zwar starke Feuchtigkeit, aber auch lange Trockenheit nicht gut tut. Für eine minimale Befeuchtung sollte man sorgen, wenn man seine Blumenzwiebeln nicht schnell in den Boden bekommt.

Die Zwiebeln zweimal so tief, wie der Zwiebelbauch dick ist, mit reichlich Kompost in den Boden setzen. Krokusse und Winterlinge sollte man nie einzeln setzen, sondern in kleinen Grüppchen (oder „Tuffs"). Bei Krokussen im Rasen wird es so auch leichter, die Pflanzen beim Mähen stehen zu lassen. Auf den genauen Pflanzabstand, der auf der Packung angegeben wird, kommt es dabei nicht so an, aber die Zwiebeln sollten sich nicht berühren. Ich nutze dabei jedes Eckchen und jeden Winkel eines Beetes, um noch ein paar Zwiebeln unterzubringen. Die Winterlinge verwildern gern.

Zum Schutz vor Wühlmäusen habe ich auch schon Tulpen in Töpfen ins Beet gesetzt. Doch da ich die Zwiebelpflanzen immer so eng neben anderen Blumen stehen habe, stieß ich beim Graben oder Pflanzen immer wieder an diese Töpfe, was auf die Dauer zu lästig war.

Ich setze lieber jedes Jahr ein paar neue Zwiebeln hinzu. Der Verlust lässt sich umso leichter verschmerzen, da ich keine besonderen oder teuren Tulpensorten habe – das würde nicht zum Paradiesgarten passen.

Interessante Blumen im Herbst

Dahlien Im Herbst blühen im Paradiesgarten die prächtigen Dahlien bis zum Frost. Nach dem ersten Frost wähle ich einen Sonnentag und schneide das Kraut bis auf 10–15 cm ab. Dann nehme ich die Knollen vorsichtig mit der Grabgabel aus dem Boden. Ich lasse sie in der Sonne noch auf dem Beet abtrocknen, entferne die Erde, die noch daran klebt, und untersuche die Knollen auf Schadstellen. Abgebrochene Knollen gehen gleich auf den Kompost. Zur Desinfektion werden die Knollen in einem Eimer mit Holzasche gewälzt. Dann wickele ich sie in Zeitungspapier, lege ein Schild dazu, das die Farbe vermerkt, und stelle sie bis Februar in einer Kiste in den Garten.

Dahlien

Im Februar bereitete ich im Haus einige Eimer mit Löchern im Boden vor und füllte sie zu einem Drittel mit einer Mischung aus Erde und Kompost. Darauf werden jetzt die trockenen Knollen gelegt, der Eimer wird mit Erde aufgefüllt und das ganze wird leicht angegossen. Die Eimer

stehen in einer großen schwarzen Wanne, damit das Wasser nach unten abfließen kann, denn die Knollen faulen leicht.

Bei schönem Wetter stelle ich die Eimer ins Freie, jedoch nicht in die direkte Sonne. Am Abend hole ich sie wieder ins Haus wie eine Kübelpflanze. So wachsen die Pflanzen schon bis auf ca. 30 cm Höhe heran. Sie gewöhnen sich an die frische Luft, ehe sie nach den Eisheiligen ins Freiland gepflanzt werden. Außerdem blühen die Dahlien so früher. Dahlien brauchen jedes Jahr einen anderen Standort, möglichst sonnig, denn sie kommen aus Mexiko und lieben die Wärme.

Durch das Vorziehen im Topf schütze ich meine Dahlien vor zu starkem Schneckenfraß: Die Schnecken bevorzugen das ganz zarte, junge Grün, und wenn die Dahlien im Mai herauskommen, sind sie schon recht groß geworden und durch die Tage im Freien schon ein wenig abgehärtet. Dann gibt es für die Schnecken attraktivere Ziele.

Königskerze Die Königskerze (*Verbascum thapsus*) blüht von Juni bis September. Sie ist eine zweijährige Pflanze und samt sich gern selbst

Nicandra
Die Fruchtstände der
Nicandra sehen aus wie
Lampions.

aus. Dabei bevorzugt sie volle Sonne und magere, steinige Böden. Wir sammeln die Blüten, ehe sie am Nachmittag abfallen. Sie enthalten Schleimstoffe, die gegen Husten wirken und kommen deshalb in unsere Teemischung. Die frisch geernteten Blätter und Blüten kann man auch zu einer Lösung zum Gurgeln verwenden, dabei sollte man sie sorgfältig durch ein Tuch abfiltern, um die kleinen Härchen herauszuholen.

Nicandra Die Nicandra (*Nicandra physaloides*) ist bei uns in Deutschland eine relativ unbekannte Pflanze. Es heißt, dass sie die weißen Fliegen vertreibt, aber ich habe sie nur im Garten, weil sie so schön ist. Wie viele ihrer Verwandten aus der Familie der Nachtschattengewächse ist die Nicandra giftig. Sie wächst leicht zu einem buschigen Strauch mit blauen Blüten heran, und ihre Fruchtstände sind braune Lampions, die im Garten, aber auch in der Vase schön aussehen. Draußen machen sie sich gut, wenn sie von Raureif überzogen sind, drinnen lässt sich dieser Effekt mit etwas Sprühlack (z. B. in Gold) nachahmen. Im Frühjahr entferne ich die Pflanze, meist hat sie sich aber vorher selbst ausgesät, so dass ich sie auch im nächsten Jahr wieder im Garten finde.

Rosen Bei den Rosen schneide ich im Herbst nur die Spitzen, denn im Winter wird noch einiges an der Pflanze abfrieren. Krankes Laub (Sternrußtau!) sammele ich ab und entsorge es – nicht auf dem Kompost! Rund um die Pflanze lockere ich die Erde noch einmal mit der Grabgabel und dünge mit meiner Kompost-Mischung. Dann schütze ich das Zentrum der Pflanze mit einer „Packung" aus Kompost, Laub, Häcksel und Erde, ich häufele die Rose an. Der Herbst ist auch eine gute Zeit, um neue Rosen zu pflanzen. Dann wähle ich einen gut gedüngten Standort in der vollen Sonne. Gartenrosen sind aber insgesamt nicht meine Stärke: Alle Pflanzen, die näher an der Wildform sind, gedeihen in meinem Garten besser und kommen wahrscheinlich auch besser mit der biologischen Form des Gärtnerns zurecht.
Auf die Dauer will ich daher eher weniger Rosen im Garten haben. Sie sind anfällig für Krankheiten, und die enge Art der Bepflanzung, die den Paradiesgarten so üppig und bunt wirken lässt, passt im Grunde nicht zu ihrem Wesen: Eine Rose möchte zwar ihren Hofstaat aus anderen Blumen, aber in gebührendem Abstand, wie es einer Königin geziemt.

Strohblumen Strohblumen hatte ich im April in Lücken gesät und im Sommer schon Blütenköpfchen geerntet. Die letzten Strohblumen und Zinnien schneide ich nun ab, bündele sie und hänge sie an einem kühlen, luftigen und dunklen Platz kopfüber zum Trocknen auf. Aus den Trockenblumen lassen sich schöne Gestecke herstellen.

Späte Blütenpracht

Links oben leuchten Goldrute, Bohnenblüten, Rittersporn, Ysop, weiße Rose, Johanniskraut und Zinnien, rechts die Ringelblume, unten Spinnenblume, Zinnien, Etagenverbene, Rudbeckie und Goldrute.

Gartenvlies befestigen

Auf die Ecken von Gartenvlies und Planen lege ich mit Erde gefüllte Plastiktüten als Gewicht, denn Steckhaken zerreißen die Folie.

Im Frühbeet ziehe ich im Herbst noch einmal Feldsalat.

Spätherbst

Gemüse ernten oder winterfest machen

Im Oktober ist die Haupt-Erntezeit vorbei, und es geht schon mehr darum, den Garten winterfest zu machen. Trotzdem kann man auch in diesem Monat noch einiges ernten: Etwa den prächtigen Hokkaido-Kürbis, der sich bei mir am Zaun entlangwindet. Rote Bete und Sellerie sollte man bis zuletzt im Beet lassen, weil sie um diese Zeit noch einmal ordentlich an Gewicht zulegen. Während andere Pflanzen um diese Zeit noch etwas von der Kräuterbrühe abbekommen, lasse ich Sellerie und Rote Bete jetzt aus: Stickstoff in der Brühe könnte zwar das Wachstum zusätzlich anregen, aber dadurch das letzte Ausreifen verhindern.

Kurz vor dem ersten Frost erntet man die ROTE BETE, dreht das Grün ab und legt sie in Kisten auf ein Bett aus feuchtem Sand. Dann werden sie wieder mit feuchtem Sand zugedeckt. Ähnlich verfährt man nach dem ersten Frost mit den Sellerieknollen. Ich stelle die Kisten in unsere Garage, weil sie dort kühl und geschützt stehen.

Um den frischen Geschmack von SELLERIE und ROTEN BETEN und ihre Vitamine auch im Winter genießen zu können, schneide ich das obere Drittel einer Knolle ab und lege es auf ein angefeuchtetes Küchenkrepp. Das Grün oben auf der Knolle wächst dann weiter, und man kann die Blätter in den Salat schneiden.

Den letzten geernteten KOHL hänge ich am Strunk „kopfüber" in der Garage auf, um ihn zu lagern. Den ZUCKERHUTSALAT lege ich bei strengem Frost in Zeitungspapier eingeschlagen in die Garage, er hält sich so bis zu zwei Monate lang.

Den LAUCH lege ich nicht in Sand, er bleibt einfach draußen im Beet. Den ganzen Winter über hole ich mir davon, so viel ich brauche. Bei starkem Frost decke ich ihn mit Reisig ab.

Sellerie mit Grün

Da ich die KARTOFFELN im Keller lagern muss, der nicht so kalt ist, treiben sie rasch aus. Das verzögere ich ein wenig, indem ich einige Wedel der Katzenminze darauf lege.

Die LUFT- oder ETAGENZWIEBEL (*Allium proliferum*) ist absolut winterhart. Sie bildet keine Blüten, sondern vermehrt sich durch Brutzwiebelchen, die sich in verschiedenen Etagen über der Erde am Stängel bilden (daher der Name). Das Laub kann auch im Winter geerntet werden.

Der MANGOLD wird im Herbst vor dem strengen Frost abgeerntet, jedoch bleiben die Herzblätter stehen und erhalten eine ganz spezielle Behandlung, damit die Pflanze schon im Frühjahr das erste Gemüse bietet: Sie wird mit dem Laub des Haselstrauchs halbhoch angehäufelt, das heißt, sie verschwindet zur Hälfte in einem kleinen Berg aus Erde und Laub. Ich nehme das Laub meines Haselstrauchs, weil es leicht verrottet. Bei der Verrottung entsteht wertvolle Wärme für den Mangold. Erst wenn es wirklich friert, wird die Pflanze mit Vlies oder Reisig komplett abgedeckt. Im darauf folgenden Frühjahr lassen sich die ersten Blätter noch im März ernten, wenn dann die Blüte erscheint, kommt der Mangold auf den Kompost.

Außerdem gibt es im Oktober noch die letzten SALATE und RADIESCHEN, die im September noch ausgesät wurden: FELDSALAT, RUCOLA und RADIESCHEN; der Feldsalat muss eventuell noch einmal vereinzelt werden, wenn er zu dicht gewachsen ist. Dafür ist in den leeren Beeten jetzt viel Platz. Der POSTELEIN keimt nur im Winter und lässt sich von November bis März aussäen und ernten, immer wenn der Boden offen ist. Für Menschen, die sich das ganze Jahr aus dem Garten ernähren wollen, sind diese Vitaminspender besonders wichtig. Auch wenn die Saat nicht jedes Mal aufgeht, sollte man es ruhig einmal mit dem Postelein probieren – die Investition in ein Tütchen Samen ist ja denkbar gering.

Ausgesät wird im Oktober auch noch zum letzten Mal SPINAT, und zwar eine späte Sorte.

Den Garten aufräumen?

Bis zum 10. November, Schillers Geburtstag, sollten diese Gartenarbeiten abgeschlossen sein, hieß es traditionell bei meinen Eltern – in katholischen Gegenden ist oft St. Martin am 11. November der Abschluss

Mangold anhäufeln

Herbstlicht
Die tief stehende Herbstsonne fällt durch Malven, Nicandra und Etagenverbene.

des Gartenjahres. Früher stand danach nichts mehr im Garten, alles war abgeschnitten, auf den Kompost oder das Herbstfeuer gewandert. Einiges lasse ich jedoch einfach stehen: Zum einen, weil es hübsch aussieht, zum anderen als Futter oder Unterschlupf für die Tiere. Sehr dekorativ sind die Lampions der Giftbeere oder Nicandra , wenn sie vom Raureif überzogen sind. Dafür entferne ich vorher die Blätter, damit die Fruchtstände besser zur Geltung kommen. Hübsch sehen auch die trockenen Samenstände von Echinacea und Kardendistel aus, die gleichzeitig Samen für die Vögel enthalten.

Beikräuter ausjäten muss man um diese Zeit kaum noch. Hier und da reiße ich noch einen Grasbüschel aus oder grabe Löwenzahn mitsamt den Wurzeln aus. Die Wurzel kommt als gesundes Bittergewürz sehr klein geschnitten in den Salat; die Blätter sind wertvoll für den Kompost. Die Wildhecke, die den Garten nach Norden begrenzt, wird nicht in Form geschnitten, sondern im Herbst nur ausgelichtet: Äste, die nach innen zeigen, werden ausgeschnitten, der Astschnitt wird als Unterschlupf für Tiere im Garten oder am Teich hingelegt.

Was mir gut tut

Der Garten sollte niemals nur Arbeit sein oder Rückenschmerzen verursachen. Es tut gut, die Jahres- und Tageszeiten bewusst wahrzunehmen, um sich in deren Rhythmus einzufügen.

Hummelhotel

Samen für Vögel

Während die Stützpfähle für große Stauden stehen bleiben und nur die Schnüre gelöst werden, hole ich die Weidenruten aus der Erde, die als Stütze für Wicken oder Prachtwinden dienten: Sie würden sonst über den Winter Wurzeln schlagen.

Tiere

Besonders Finken mögen die kleinen Körner und Samen der Blumen, die um diese Zeit noch im Garten stehen, und ein munterer Schwarm Distelfinken vor dem Fenster bringt Farbe und Leben in den winterlichen Garten. Besonders gern mögen diese Vögel auch die Samen der Königskerze. Nicht nur deshalb bleibt sie stehen, sondern auch weil die Samenstände verschiedenen Insekten Unterschlupf bieten. Wenn die Sonnenblumen verblüht sind, schneide ich die Köpfe ab, damit die Blume noch einmal Blüten ansetzt. Ich lege dann die verblühten Köpfe auf meine Gartenbank, und die Vögel kommen und picken sich die Samen heraus.

Ein Haufen Strauchschnitt bleibt zusätzlich liegen zum Überwintern für Igel, Blindschleichen und andere Tiere. Die Nistkästen werden jetzt schon geöffnet, mit einer trockenen Bürste geschrubbt und mit der Öffnung nach Osten oder Südosten wieder aufgehängt. Wer einen Kasten für Meisen aufhängt, sollte daran denken, dass sie vor dem Nistkasten noch einen „Anflugbaum" brauchen. Manche Vögel nutzen den Nistkasten im Winter als Schlafplatz, aber auch Wespen, Haselmäuse oder gar Siebenschläfer freuen sich über den geschützten Zufluchtsort. Die Reinigung im Herbst verhindert, dass sich über den Nistkasten Krankheiten oder Parasiten verbreiten.

Der Kasten mit den Kokons des Schwalbenschwanzes bleibt über den Winter draußen, auf einem Tisch auf der überdachten Terrasse.

Schöne Unordnung

Natürlich wird trotzdem auch einiges aus dem Garten herausgenommen: Das Prinzip dahinter würde ich vielleicht „schöne Unordnung" oder „Durcheinander unter Aufsicht" nennen. Entfernt wird vor allem das, was am Boden liegt. Dabei ist aber der alte Stichtag um den Sankt-Martinstag nicht mehr entscheidend. Manches, was sich erst

Vergängliche Schönheit

Vor kurzem noch schien die Sonne durch die letzten Blüten, Etagen-verbene, Amarant, Dahlien, bald ist das meiste abgeräumt, letzte Rosen und Ringelblumen stehen neben trockenen Samenständen.

oben links: Mangold anhäufeln
oben rechts: die letzten Himbeerruten
unten: Rote Bete und Zuckerhutsalat

später im Jahr neigt oder vom Schnee niedergedrückt wird, kommt auch erst dann auf den Kompost oder in den Häcksler, etwa das Patagonische Eisenkraut, das auch mit Raureif noch sehr schön aussieht. Diese Blume wie auch die schon erwähnte Königskerze und den Sonnenhut (sowohl Rudbeckia als auch Echinacea) lasse ich mit Bedacht so lange wie möglich stehen, um Hummeln und Bienen Nektar zu bieten bzw. später den Vögeln, die sich die Samen herauspicken. Außerdem geben die schönen Samenstände dem Garten im Winter Struktur, sie sind einfach schön anzusehen. Dieses maßvolle und verzögerte „Aufräumen" im Garten verteilt außerdem die Gartenarbeit besser und vermeidet so Zeitdruck im Herbst.

Häcksler und Gartengeräte

Grundsätzlich kommt alles, was weich oder saftig ist, auf den Kompost, harte Pflanzenteile wandern in den Häcksler. Stellt sich heraus, dass der Häcksler trotzdem von weichem Pflanzenmus verklebt, kann man ein paar Haselzweige mit hineinschieben, die gutes Rohmaterial bieten. Der Hasel wird um diese Zeit auch geschnitten, allerdings schneide ich ihn nie komplett herunter, sondern lichte immer nur behutsam die Äste aus, die nach innen wachsen.

Und wo wir mit dem Häcksler schon bei den Gartengeräten sind: Vor der Ruhezeit des Gartens werden Spaten, Grabgabel usw. zunächst mit der Drahtbürste gereinigt und mit der Schleifscheibe oder Feile geschärft, dann zum Abschluss an den metallischen Teilen mit Waffenöl eingerieben, die Holzteile werden mit Möbelwachs behandelt.

Für das kommende Frühjahr wird auch schon ein Eimer voll Kräuterbrühe (s. S. 38) angesetzt, denn dieses Stärkungsmittel für die Pflanzen wird im Frühjahr schon wieder benötigt, wenn noch lange nicht genug Kräuter dafür gewachsen sind.

Mulchen und den Boden bedecken

Auch im Spätherbst sollte der Boden noch einmal gemulcht werden. Zuvor wird er mit der Grabgabel nur etwas gelockert, um Luft hineinzulassen. Dann wird zunächst reichlich Kompost gestreut, vor allem unter die Rosen und auf die Starkzehrer-Beete. Dafür nehme ich den unge-

Gartenphilosophie

Achtung vor der Erde

Die Erde ist unsere Mutter,
achte und pflege sie!
Nimm von ihr nur das,
was du benötigst-
nicht mehr!
Befolge den Rhythmus der Natur.
Freue Dich an ihr und hinterlasse gute Spuren!
(Nach einem indianischen Gebet)

siebten Rohkompost, denn der hat nun lange genug Zeit, auf den Beeten zu verrotten. Bei den Starkzehrern darf auch etwas Hornmehl dazu, aber sparsam. Dann wird das abgefallene Laub mit dem letzten Pflanzenmaterial aus dem Garten gehäckselt und großzügig über das Land verteilt. Der Mulch ist leicht feucht und schwerer als das Laub, er hält das Laub auf den Beeten fest und verhindert, dass es vom Wind weggeweht wird. Wenn das nicht ausreicht, kann man die Laub- und Mulchschicht noch mit der Gießkanne anfeuchten – jedoch nicht tropfnass machen! Die Erde darf nicht nass und schmierig sein, aber auch nicht zu trocken. Ich schlüpfe in die Haut eines Regenwurms und frag' mich: „Was gefällt mir?" – „Ich mags feucht, aber nicht nass."

Gartenphilosophie

Goethe

Auch das ist Kunst,
ist Gottesgabe,
aus ein paar sonnen-
hellen Tagen
sich so viel Licht ins
Herz zu tragen,
dass, wenn der Sommer
längst verweht,
das Leuchten immer noch
besteht.
(Johann Wolfgang von
Goethe)

Die Mulchschicht sollte aber auch nicht zu dick sein, etwa so dick wie ein kleiner Finger reicht aus. Wühlmäuse mögen nämlich die kuschelige Wärme der Mulchschicht. Bei unserem Lehmboden hilft mir der Wechsel zwischen Frost und Auftauen, die Erde krümelig zu machen. Die Starkzehrer werden im Frühjahr noch einmal eine Extraportion Kompost bekommen, für die anderen Kulturen reicht die Herbstgabe. Zum Schutz des Bodens säe ich auch noch einmal Feldsalat und Spinat locker aus und lasse die Vogelmiere stehen. Die Pflänzchen halten den Boden bedeckt und lockern ihn mit ihren Wurzeln auf (s. S. 35). Oft reicht es bis weit in den Winter hinein auch noch für eine kleine Ernte, der Rest wird im Frühjahr untergegraben und gibt neuen Humus. Dann geht der Garten in den Winterschlaf. Dabei schläft der Boden nur an der Oberfläche: Unterirdisch sind auch im Winter Millionen von Mikroorganismen am Werk, um das von den Würmern vorbereitete und zerkleinerte Material in beste Erde zu verwandeln.

Balkon- und Kübelpflanzen

Für Balkon- und Kübelpflanzen wird es jetzt bald zu kalt draußen. Ich versuche, sie so lange wie möglich draußen zu lassen: Sie kommen zunächst an geschützte Stellen, etwa an die Hauswand oder unter ein Vordach. Unter die Töpfe lege ich Tonfüßchen oder Styroporstücke, damit sie keine „kalten Füße" bekommen. Wenn ich die Pflanzen schließlich hereinhole, achte ich besonders auf Schädlinge, die ich nicht ins Warme holen will. Am besten ist es, den Schock des Temperatur- und Lichtwechsels für die Pflanzen etwas abzumildern, indem man sie in einen ungeheizten Raum stellt. Erst von dort rücken dann einige weiter in geheizte Räume oder aufs Küchenfensterbrett auf. Wenn eine Pflanze den Übergang doch schlecht verkraftet und plötzlich von Schädlingen überzogen ist, kommt sie ganz schnell wieder nach draußen, ehe sie die anderen Pflanzen anstecken kann. Die Vögel freuen sich über das zusätzliche Futter.

Die Zitronenverbene im Kübel vor dem Haus wirft im Herbst alle Blätter ab, daher ernte ich die Blätter vorher und mache einen leckeren Tee daraus. Kahl wie ein Baum überwintert sie dann an einem kühlen, dunklen Platz im Haus.

Einige Kräuter habe ich gleich im Topf gezogen und kann sie nun einfach hereinholen, zum Beispiel einen kleinen Rosmarin, einen Strauchbasilikum und die Stevia-Pflanze. Die Stevia-Pflanze fühlt sich drinnen bei normaler Zimmertemperatur von 18 bis 20°C wohl. Durch unseren Zimmerbrunnen ist die Zimmerluft nicht zu trocken für sie und andere Zimmerpflanzen.

Der Echte Lorbeer wächst ebenfalls im Kübel. Bevor ich ihn hereinhole, ernte ich im Oktober noch einmal die Blätter und trockne sie, dann schneide ich den Busch stark zurück. Drinnen stelle ich ihn kühl.

Vom Schnitt-Knoblauch hole ich ein paar Pflanzen aus der Erde und lege sie aufs Beet, bis der Frost darüber gegangen ist. Jetzt erst pflanze ich sie neu in Töpfe und tränke diese einige Stunden in warmem Wasser. So hat der Schnitt-Knoblauch sozusagen einen kleinen, künstlichen Winter durchgemacht und gedeiht dann im Topf auch gut auf der Küchenfensterbank.

Wenn die Blumenkästen draußen schließlich geleert und mit Winterschmuck neu befüllt werden, achte ich darauf, die gebrauchte Erde gründlich herauszuschütteln und zu –klopfen. Mit Sand und Lava gemischt, lässt sie sich als Pflanzenerde für Schwachzehrer oder als Anzuchterde noch einmal verwenden.

Nicandra

Die Samenstände der
Nicandra schmücken den
Garten im Winter.

Winter

Zwar gibt es im Winter nur wenig im Garten zu tun, doch das heißt nicht, dass ich meinen Garten jetzt allein lassen könnte: Ich gehe auch jetzt durch meinen Garten, beobachte die letzten Pflanzen, lasse das letzte Jahr Revue passieren und plane schon die Einteilung der Beete für das nächste Jahr.

Außerdem gibt es ja noch die Gartenarbeiten in der Wärme: Gartenplan erstellen, Fruchtfolge beachten, Kataloge studieren, Erfahrungen aufschreiben, sich mit Gartenfreunden austauschen, außerdem Nüsse knacken, Fenchelsamen abbröseln usw.

Im Januar bestelle ich Sämereien und beginne langsam damit, die eingelagerten Gemüse, Knollen und Hokkaido zu verarbeiten. Dahlien und Geranien im Winterquartier kontrolliere ich, um ihnen eventuell etwas Wasser zu geben – Sie sollten es aber niemals zu feucht haben, sonst schimmeln sie!

Gegen Ende des Winters decke ich die Frühbeete ab, damit die Sonne den Boden schon einmal erwärmen kann.

Auch Braun kann im diffusen Licht des Novembers leuchten. Hortensien und Clematis kommen gut zur Geltung. Die Lenzrose zeigt ihren Charme durch wohlgeformte Blätter. Der wintergrüne Farn begeistert mich. Beim Wurmfarn bleiben die Wedel als Winterschutz stehen. Sie legen sich sanft auf den Boden.

Auch in der kalten Jahreszeit behält der Garten eine gewisse Struktur, wenn man im Herbst nicht alles abgeschnitten hat. Wer jeden Tag den Garten besucht, egal bei welchem Wetter, kann immer wieder Schönes entdecken.

Raureif im Garten verzaubert jetzt meine Nicandra und die Echinacea-Fruchtstände.

Raureif ist die Mozart-musik des Winters, gespielt bei atemloser Stille der Natur.

Karl Foerster

Gemüseernte im Winter

Die Knollen der TOPINAMBUR lassen sich den ganzen Winter an frostfreien Tagen ausgraben, sie werden in Scheiben geschnitten und gebraten. Damit das Ausgraben leichter fällt, kann man die entsprechenden Beete mit Jutesäcken abdecken und so vor Frost schützen. Die Topinambur-Knollen sind recht knotig, daher muss man sie vor dem Verarbeiten gut abbürsten. Außer für die Pfanne eignen sie sich auch gut für einen Salat mit Karotten.

Knollenziest

Knollenziest Seit 2012 wächst der Knollenziest (*Stachys sieboldii*) in unserem Garten. Das Wintergemüse kam im 19. Jahrhundert aus Asien zu uns. Es heißt auch Crosne, nach der Stadt in Frankreich, wo es zuerst angebaut wurde. Es gehört als einziges Gemüse zu den Lippenblütlern. Zwischen Oktober und Dezember lassen sich bizarr geformt Knöllchen ernten. Da sie sich schlecht lagern lassen, grabe ich immer so viel aus, wie ich gerade brauche. Bei Frost decke ich das Beet etwas ab, um leichter graben zu können. Die Knollen schrubbe ich gründlich mit der Gemüsebürste ab und brate sie kurz an oder blanchiere sie. Ich mag den Knollenziest gern, doch breitet er sich im Garten stark aus. Darum setze ich ihn in einem Kübel ohne Boden oder mit großen Löchern im Boden in die Erde. Der Kübel dient dann als Wurzelsperre.

WINTERSPINAT decke ich nun mit Tannenreisig zu. Er lässt sich den ganzen Winter ernten, doch am besten an frostfreien, milden Tagen. Die gefrorenen Blätter werden nämlich matschig, wenn man sie berührt, und faulen dann draußen. An sonnigen Wintertagen um die Mittagszeit ist außerdem der Nitratgehalt im Spinat am geringsten. Ich ernte immer nur die äußeren Blätter, der Spinat wächst dann den ganzen Winter über weiter. Erst im Frühjahr ernte ich die ganzen Rosetten. Auch die Blätter des FELDSALATS sollte man nicht berühren, wenn sie gefroren sind. Ich decke ihn bei Frost mit einem Vlies ab. Die einzelnen Röschen schneide ich knapp über der Wurzel ab. So behalten sie ihr nussiges Aroma.

Der ROSENKOHL braucht den Frost, um sein volles Aroma zu entwickeln. Er lässt sich je nach Sorte bis ins Frühjahr ernten.

Auch den LAUCH hole ich den ganzen Winter über aus dem Garten,

Winter

Die Fruchtstände vieler
Blumen enthalten Samen
für die Vögel, und der
Nistkasten bietet ihnen
Zuflucht. Der Kompost
ruht nun.

nachdem ich ihn wie den Spinat mit Tannenreisig geschützt habe. Bei der Ernte lasse ich Wurzeln und gelbe Blätter als Wurm-Nahrung auf dem Beet. Zuckerhutsalat, Rote Bete und Sellerie hole ich aus ihrem Lager in der Garage.

Wenn die ersten Raureif-Nächte und Nebelschleier die Sonne verdecken, dann ist es an der Zeit, in der Küche die KRESSE anzusäen. Eine Plastikschale mit angefeuchtetem Küchenkrepp nimmt die Kressesamen auf. Ich lege ein Holzbrettchen darauf, aber nur ein bis zwei Tage lang. Durch den Druck haften die Keimblätter nicht so fest an den Samenschalen. Danach stellt man die Schale ans helle Fenster. Ideal sind 12 bis 15 °C. Vorsichtig gießen oder die Schale kurz unters Wasser halten und abtrocknen lassen.

Samen von Roter Bete, Mungobohnen und Radieschen weiche ich 6 bis 8 Stunden lang ein und lege sie ins Keimgerät. Geerntet wird mit der Schere.

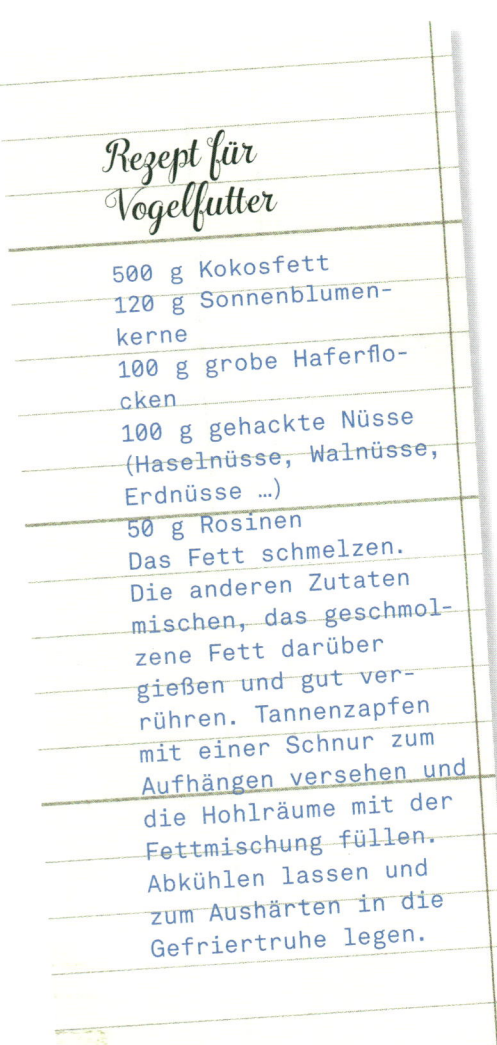

Rezept für Vogelfutter

500 g Kokosfett
120 g Sonnenblumen-
kerne
100 g grobe Haferflo-
cken
100 g gehackte Nüsse
(Haselnüsse, Walnüsse,
Erdnüsse …)
50 g Rosinen
Das Fett schmelzen.
Die anderen Zutaten
mischen, das geschmol-
zene Fett darüber
gießen und gut ver-
rühren. Tannenzapfen
mit einer Schnur zum
Aufhängen versehen und
die Hohlräume mit der
Fettmischung füllen.
Abkühlen lassen und
zum Aushärten in die
Gefriertruhe legen.

Blumen im Winter

Von den vielen CLEMATIS-Arten braucht jede ihren besonderen Schnitt. In unserem Garten begeistert die Orientalische Waldrebe *(Clematis orientalis)* im Juni bis August mit ihren kleinen gelben Blütenglöckchen und später mit ihrem herrlichen Herbstschmuck aus wuscheligen Fruchtständen. Im Winter, wenn sie nicht mehr gut aussieht, schneide ich sie auf 20–50 cm zurück.

Bei starkem Frost decke ich die ROSEN mit Reisig ab. So schütze ich sie auch gegen die Wintersonne, denn wenn der Boden gefroren ist, kann die Rose von dort kein Wasser aufnehmen, und die Pflanzenteile in der Sonne vertrocknen leicht.

Wintergäste
Rotkehlchen und Wacholder-
drossel freuen sich über das
Vogelfutter.

Schlussgedanken

Keine Beschäftigung ist für mich so vergnüglich wie das Arbeiten in der Erde, keine Arbeit vergleichbar mit der im Garten. Und dies ist der letzte Luxus unserer Tage, denn er fordert das, was in unserer Gesellschaft am kostbarsten ist: Zeit, Zuwendung und Raum. Doch vor den Lohn hat Gott den Schweiß gesetzt – und schwitzen ist gesund. Während ich mich im Garten beschäftige, lerne ich meine eigene Natur besser kennen. Dort werde ich geduldiger und aufmerksamer. Ich brauche Toleranz, um auch Beikräuter und Fresstiere zu akzeptieren.

Ich selber kann und mag nicht ruhn,
denn jeder muss das Seine tun,
so groß sind die Gefahren.
Ich singe mit, wenn alles singt,
voll Hoffnung, dass es uns gelingt,
die Schöpfung zu bewahren.
(nach: Geh aus, mein Herz, umgedichtet für eine Aktion von Brot für die Welt)

Das schönste Hobby auf der Welt
ist „garteln", weil es mir gefällt.
Es macht mir Spaß – das möcht' ich hier bekunden,
s'ist Freud und Sport für viele Stunden.
Ich seh' Natur mit andern Augen an
und diese Zeit, sie ist mir nicht vertan.
Dies Hobby hat so viel voraus:
Man steckt recht wenig rein–
und holt so vieles raus!
Mein Tipp für heut: Machts ebenso,
Ihr bleibt in Bewegung und seid froh!

Verzeichnis der Pflanzen

Bezugsquellen

Eichenrinde, gemahlen:
Senger Naturrohstoffe
Holger Senger Naturrohstoffe
Bachstraße 2
37127 Dransfeld
Tel. 05502/9115894
Fax: 05502/999030
www.senger-naturrohstoffe.de

oder

Detrade UG (haftungsbeschränkt)
Neidenburger Strasse 20
28207 Bremen
http://www.joannasgarden.com
Tel. 0 421 57726880

Blumenkohl Multi-Head, Sprossen-Brokkoli
und viele andere der genannten Gemüsesorten:
Gärtner Pötschke GmbH
Beuthener Straße 4
41564 Kaarst
Tel. 01805 861 100
Tel. 01805 861 300
info@poetschke.de
www.poetschke.de

Staudensilie:
Firma Gartenrot Anja Walessa, Saatgut und Pflanzen
Hauptstraße 1a
27356 Rotenburg
Tel. 04269/9510

Eine Liste mit weiteren Gärtnereien, bei denen es Staudensilie gibt: http://www.staudensilie.de/

Beschreibung und Bauanleitung für einen Raupenkasten
für Schwalbenschwänze:
http://www.schwalbenschwanz.ch/Raupenkasten.html
Auf der Seite Schwalbenschwanz.ch findet man auch genau-
ere Anweisungen, wie man gefundene Raupen in einem
solchen Kasten halten kann. Das Wichtigste: nicht in die
Wohnung holen, sondern draußen überwintern lassen!

Griechischer Bergtee:
Erika Jantzen Stauden und Kräuter
Sindelfinger Straße 85
72070 Tübingen
www.stauden-jantzen.de

Johanna Paungger und Thomas Poppe
Das Mondjahr
München 2015

Bild- und Textnachweis

Die Bilder in diesem Buch wurden aufgenommen von
Edith Berner, Esslingen, die den Garten fast zwei Jahre
lang fotografisch begleitet hat.
Ergänzend kamen hinzu:
Gerhard Kümmel, Esslingen:
S. 5, 16, 17u, 18, 19u, 33, 34, 39 li o, 43 u, 44 u, 60, 62,
66, 73, 76, 83, 93 li o, 95, 100, 101, 109, 122, 131
Siegfried Denneler, Esslingen: S.30, 36, 57, 72, 79 (Inka-
lilie), 128
Fotolia: S. 31 © HildaWeges; S. 34 Olivenkraut © wjarek;
S. 62 Bartfaden © Boggy, S. 63 Marienglockenblume
© nicholashan, S. 79 Montbretie © Ulrike Neumann
S. 80 Emer; S. 107 Wasserdost © fotandy

Pixelio: S. 32 Beinwell Maria Lanznaster
S. 90 Monarde ELZA
Burkhard Finken: S. 15, Umschlag

S. 104: Das ist ein Abschied mit Standarten
… Aus: Erich Kästner, die 13 Monate, Der
September © 1955 Artemis Verlag Zürich.

*Allen Rechteinhabern herzlichen Dank für
die Genehmigung zum Abdruck!*